Contraste insuffisant

NF Z 43-120-14

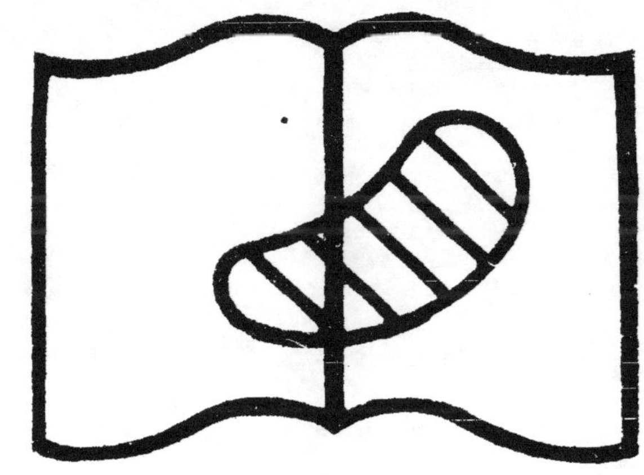

Illisibilité partielle

Valable pour tout ou partie
du document reproduit

Couvertures supérieure et inférieure
en couleur

SAINT VITAL

ET

L'ABBAYE DE SAVIGNY

DANS L'ANCIEN DIOCÈSE D'AVRANCHES

(MANCHE)

Par Hippolyte SAUVAGE

Officier de l'Instruction publique

Avocat

Ancien Maire & ancien Magistrat

DEUXIÈME ÉDITION

MORTAIN

IMPRIMERIE & LIBRAIRIE ARMAND LEROY

Grande-Rue et Rue de l'Église

1895

SAINT VITAL

ET

L'ABBAYE DE SAVIGNY

DANS L'ANCIEN DIOCÈSE D'AVRANCHES

(MANCHE)

PAR

HIPPOLYTE SAUVAGE

Officier de l'Instruction publique

AVOCAT

ANCIEN MAIRE & ANCIEN MAGISTRAT

MORTAIN

IMPRIMERIE A. LEROY, GRANDE-RUE & PRÈS L'ÉGLISE

1895

St VITAL Abbé de Savigny

SAINT VITAL

ET

L'ABBAYE DE SAVIGNY

DANS L'ANCIEN DIOCÈSE D'AVRANCHES

(MANCHE)

LETTRE

ADRESSÉE A L'AUTEUR

PAR MONSEIGNEUR GERMAIN

ÉVÊQUE DE COUTANCES & AVRANCHES

Coutances, le 27 Février 1895.

MONSIEUR,

Très occupé ces jours derniers, j'ai dû faire examiner les épreuves de votre livre sur S. Vital par un prêtre très compétent:

Le témoignage qu'il vient de m'en rendre est des plus flatteurs et je tiens à vous adresser sans retard mes félicitations sincères et l'expression de ma vive gratitude.

Votre livre arrive très à propos. Je fais en effet, depuis quelque temps, étudier l'histoire de l'Abbaye de Savigny, avec l'intention d'obtenir de Rome la faveur d'introduire dans notre propre de Coutances l'office de S. Vital et de continuer par là le culte décerné à ce saint, l'honneur du pays.

Vous répondez donc, Monsieur, par votre livre, à nos aspirations et à celles des populations du Mortainais et de l'Avranchin, et c'est de tout cœur que je bénis vos efforts pour mettre en lumière la mémoire de l'illustre S. Vital et la gloire du célèbre monastère de Savigny.

Agréez je vous prie, Monsieur, l'assurance de mes sentiments bien sincèrement reconnaissants et dévoués.

† ABEL, Ev. de Cout. et Av.

PRÉFACE

I. — Saint Vital

Dans mes *Recherches historiques sur l'arrondissement de Mortain (Manche)* (1), qui remontent
à l'année 1851 et qui comptent déjà quarante-cinq
ans d'existence, je reproduisis à peu près tout ce
que l'on connaissait alors de saint Vital. En même
temps, je donnai bien des détails nouveaux sur
l'abbaye de Savigny, qui fut son œuvre principale.

Mais depuis cette époque, les sciences historiques ont fait de nombreuses et importantes décou-
vertes ; les annales de notre contrée se sont enri-
chies de travaux d'une grande valeur et bien des
œuvres d'une véritable importance ont été publiées.
Grâce à ce concours, l'existence de saint Vital peut
se trouver aujourd'hui reconstituée dans ses moindres détails, et, avec elle, il nous est permis de
faire revivre un nom contemporain de la première

---

(1) Mortain, A. Lebel, 1851 ; 1 vol. in-8º de 400 p. (Mention hono-
rable de l'Académie des inscriptions et belles-lettres au concours de 1852,

croisade et resté populaire parmi nos générations depuis huit siècles entiers.

On savait parfaitement qu'Etienne de Fougères, chapelain de Henri II, roi d'Angleterre, et qui fut évêque de Rennes de 1168 au 23 décembre 1178 (1), avait composé la vie de saint Guillaume Firmat, patron de l'église de Mortain, aussi bien que celle de saint Vital et quelques autres ouvrages. On croyait même qu'il était l'auteur de la vie de saint Hamon, religieux de Savigny. Sur la foi de plusieurs écrivains, qui assuraient que les manuscrits en étaient perdus (2), il fallait renoncer à connaître à tout jamais ces précieuses biographies.

Heureusement que par les soins éclairés et la vigilance de M. Léopold Delisle, de l'Institut, notre savant compatriote, la Bibliothèque nationale a pu faire entrer dans ses collections, d'un prix inestimable, une excellente copie de l'histoire de la congrégation de Savigny (3). Transcrite d'après un manuscrit de la bibliothèque de Fougères, et préparée, en 1750, pour l'impression, elle renferme comme pièces justificatives les actes, c'est-à-dire la vie de saint Vital, et les biographies de trois des bienheureux de Savigny.

L'auteur de ce travail fort remarquable à tous les points de vue, comme fonds et comme forme, est Dom Claude Auvry, qui fut prieur de Savigny.

(1) Robertus de Monte. *Appendix ad Sigebertum*, 752.
(2) Bertin et Maupillé, *Hist. de Fougères*, p. 46 et 497.
(3) Bib. nationale, fonds français, nouvelles acquisitions, 4,122.

Nous avons trouvé son nom sur des titres assez nombreux, entre les dates de 1698 à 1712 (1). Nous savons de plus qu'il s'était retiré comme simple religieux à l'abbaye des Vaux de Cernay (2), où il y mourut. Il ne nous a pas été possible jusqu'ici de vérifier si le manuscrit de Fougères est son propre original.

Déjà il a servi d'inspiration à plusieurs publications.

M. Badiche, prêtre du diocèse de Paris, le premier, y a largement puisé pour la notice qu'il a consacrée au bienheureux Vital dans l'immense collection connue sous le nom de Michaud (3).

L'article de Didot (4) présente un moindre intérêt.

L'abbé Darras (5) a, dans cinquante pages, multiplié les détails sur le même personnage, qu'il a qualifié le B. Vital de Mortain.

Tout récemment, le 7 janvier 1894, les Pères de l'Assomption nous ont fait connaître (6) saint Vital sous le nom du B. Vital de Savigny.

Tous ont du reste emprunté et traduit des passages entiers du texte latin d'Etienne de Fougères, dont la publication, dans la langue latine, remonte

(1) *Recher. hist. sur l'arr. de Mortain*, p. 368.
(2) Nous devons cette indication à l'extrême obligeance de M. l'abbé Pierre Lemesle, vicaire de Savigny. — *Hist. de la Congrégation de Savigny.*
(3) Michaud. *Biogr. universelle*, 1827, t. 49, p. 279, v° saint Vital.
(4) *Nouvelle Biographie générale*, 1866, v° Vital.
(5) *Hist. génér. de l'Eglise*, 1876, t. 24, p. 592-642.
(6) Supplément au journal *Le Pèlerin*, n° 888, avec gravure.

à 1882, et se trouve dans les *Analecta Bollandiana* (1). Elle est due à M. l'abbé Eugène Sauvage, du diocèse de Rouen. Passionné pour nos saints de la Normandie, cet historien d'un zèle très louable ne s'est pas borné à publier la vie de saint Vital : il s'est en outre occupé de ses compagnons.

II. — Les Saints de Savigny

M. l'abbé Sauvage, effectivement, a aussi fait connaître la biographie du B. Geofroy, 2ᵉ abbé de Savigny, ainsi que celles des BB. Pierre d'Avranches et Hamon, religieux du même monastère (2). Tous ces actes ont été empruntés par lui aux pièces justificatives de l'hist. de la congrégation de Savigny (3). A son vif regret il n'a pu rien dire du B. Guillaume, qui en fut le 3ᵉ abbé, selon le martyrologe de l'ordre de saint Benoist (4), et selon *la Neustria Pia* (5). D'après d'autres historiens, parmi lesquels la *Chronique de Savigny* (6), Claude Auvry (7) et le P. Victor de Buck (8), le bienheureux Guillaume, surnommé Niobé, n'était pas abbé de Savigny, mais un simple religieux. Après avoir été longtemps ermite, il était entré comme

(1) *Vita B. Vitalis.* Ex analectis Bollandianis. Bruxellis, 1882, p. 1-38.
(2) *Vitæ BB. Gaufridi, Petri Abrincensis et Hamonis.* Id., id, 1882-1883.
(3) *Foliis* 525-538, 538-544-551.
(4) Menardus. *Martyrologium Benedictini ordinis.*
(5) *Migravit in cœlum die 20 octobris 1143.*
(6) *Chron. Savig. Baluzii Miscellanea,* t. 1, p. 326.
(7) *Hist. de la Cong. de Savigny,* folio 465.
(8) *Acta sanctorum, 1853, octobris,* t. VIII, p. 1007.

novice à Savigny, où il émerveilla ses frères par ses pratiques de la vertu.

Remarquons au surplus qu'en général les historiens comme les populations confondent toujours sous une même dénomination, et sous une seule invocation pour ainsi dire, saint Vital et tous les bienheureux de Savigny, qui sont au nombre de six, en y comprenant sainte Adeline, sœur de Vital.

C'est ainsi encore que le Père Victor de Buck a agi dans sa vaste composition acceptée par les continuateurs des Bollandistes (1). Les Bollandistes (2) avaient bien publié déjà la vie de saint Vital : le P. de Buck, en faisant connaître celles des BB. Geofroy et Serlon, abbés, du novice Guillaume et d'Adeline (3), a reconstitué leurs existences et même fait l'historique du célèbre monastère et de sa congrégation dans des conditions d'une remarquable érudition.

Rappelons enfin que les bénédictins de la Congrégation de Saint-Maur (4) ont parlé avec éloges de saint Vital. Mais ses plus ardents et ses plus anciens panégyristes, après Robert du Mont (5), Orderic Vital (6), et bien d'autres qui furent

---

(1) *Acta sanctorum, 1853, octobris,* t. VIII, p. 1007-1042.
(2) Bollandus. *Acta sanctorum, 1643, VII, junuarius,* t. 1, p. 389.
(3) *De BB. Gaufrido et Serlone, abbatibus, Guillelmo. novitio et Adelina abbatissa. Acta sanctorum, octobris,* t. VIII, p. 1007.
(4) *Hist. littéraire de la France,* 1756, t. X, p. 332-334.
(5) *Appendix ad Sibebertum.*
(6) *Historiu ecclesiastica, ap. chesnium scriptores Normaniœ, lib. VIII.*

presque ses contemporains, ont été Geoffroi Le Gros (1), le Père Hélyot (2), et peut-être surtout l'Allemand Heumann (3).

Baluze (4) a même cité l'épitaphe de saint Vital. Elle est relatée également par les Bénédictins de Saint-Maur (5).

III. — LE ROULEAU DE SAINT VITAL

Tous les biographes reconnaissent avec Dom Claude Auvry que les sources du livre d'Etienne de Fougères se trouvent dans le rouleau de saint Vital : c'est là qu'il a puisé les preuves de ses pieux récits et le fonds de sincérité que respire son œuvre.

La ville de Mortain est restée dépositaire de ce rouleau pendant cinquante ans. Apporté au chef-lieu du district avec toutes les archives des diverses maisons religieuses de la contrée, au moment de la fermeture de ces cloîtres, sa présence et son importance historique y étaient ignorées ; d'ailleurs personne dans cette localité n'eût pu en déchiffrer même quelques lignes.

Quoique autrefois nous ayons déjà parlé de cette

(1) Gauf. Grossus. *Vita B. Bernardi Tyronensis. Acta sanctorum Aprilis*, t. II, p. 220 et seq.

(2) *Hist. des Ordres monastiques*, t. VI, p. 109.

(3) Heumann. *Dissertatio de sancto Vitali fundatore Savigneiensis abbatiœ*. 1122, Goetting, 1731, 4.

(4) *Miscellanea*, t. IV, p. 656.

(5) *Hist. litt. de la France*, t. X. p. 334.

pièce remarquable (1), nous aimons à revenir sur ce sujet, afin de faire bien comprendre à nos concitoyens qu'il s'agit là d'un document national dont la seule et la vraie place était dans les archives de l'Etat. En effet, sur une centaine de rouleaux du même genre, qui y sont conservés, celui du bienheureux Vital est l'un des trois plus importants que possède la France : deux autres seulement peuvent lui être comparés, ceux de Guifred, comte de Cerdagne (1050) et de Mathilde, fille de Guillaume le Conquérant, abbesse de la Trinité de Caen.

Voici dans quelles circonstances ce *rotulus* ou *rolliger Savigneii*, le rouleau, rôle ou rotule de Savigny fut écrit :

A l'exemple des autres abbayes du temps, les religieux de ce monastère notifièrent une lettre circulaire aux églises et aux maisons avec lesquelles ils avaient conclu des associations spirituelles. La circulaire ou encyclique dans laquelle ils firent ainsi part à leurs confrères de la mort de saint Vital était en tête du rouleau de parchemin. Elle renfermait des détails biographiques sur le supérieur vénéré qu'ils venaient de perdre, et elle se terminait par une demande de prières. Partout où elle fut présentée, il fut répondu dans les termes les plus flatteurs et les plus élogieux à la mémoire du Bienheureux. Chacune des réponses des évêques, doyens, abbés ou dignitaires qui consignè-

---

(1) H. Sauvage, *Bibliographie normande*, 1857, I, p. 7.

rent ainsi leurs hommages est inscrite sous un titre séparé, appelé *titulus*.

L'original de ce précieux rouleau de Savigny est depuis 1839 conservé aux Archives nationales, dans l'armoire de fer. Il est long de 9^m 50 et large de 0^m 225, et écrit au recto aussi bien qu'au dorso. A ses deux extrémités il se trouve enroulé sur deux attaches en bois arrondies, d'où lui vient son nom de rouleau. Malheureusement dès le XVIIe siècle, le rôle était déjà mutilé. L'encyclique en avait été arrachée et les *tituli funebres* des diocèses d'Avranches, de Dol et en partie de celui de Rennes avaient subi le même sort (1). Cependant il a été possible d'en reconstituer une partie au moyen du texte d'Etienne de Fougères et des deux copies qui subsistent à la Bibliothèque nationale.

La première provient du fonds Colbert. Elle y était entrée en 1679 et elle y est inscrite sous le titre de collection Baluze, 45, f°s 371-389. La deuxième est insérée comme pièce justificative dans l'histoire de la congrégation de Savigny (2).

La bibliothèque Sainte-Geneviève (3) en possède également une copie faite aussi à la fin du XVIIe siècle, d'après les textes de notre grande abbaye (4).

Depuis qu'il est connu des savants, le rouleau de saint Vital a été l'objet de magistrales études.

La principale entre toutes est celle qu'a donné

(1) *Hist. de la Congr. de Savigny*, f° 118.
(2) *Ut supra*, fonds français, nouv. acq., 4122, folio 516.
(3) Manuscrits. Supplément H. L., 101, catalogue t. I, n° 696.
(4) *Ex tabulariis abbatiæ de Savigniaco*.

M. Léopold Delisle. A deux reprises il a abordé ce sujet. D'abord sous le titre de *Monuments paléographiques* concernant l'usage de prier pour les *morts* (1) ; ensuite dans ses *Rouleaux des Morts* (2). Le texte de l'Encyclique et les *tituli funebres* de saint Vital sont au nombre de 208, tandis que le rouleau de saint Bruno n'en renferme que 178 (3).

Dans un rapport qu'il avait adressé au ministre de l'instruction publique en 1834 (4), Lechaudé d'Anisy, qui avait découvert ce remarquable rouleau à Mortain, avait parfaitement apprécié sa valeur paléographique.

La copie qu'il en fit permit à M. Prosper Lemaistre, alors sous-préfet de Mortain, d'en faire, lui aussi, une description au conseil d'arrondissement de Mortain (5). De même, d'après les indications de Lechaudé d'Anisy, Champollion en fit mention dans ses publications sur les richesses départementales (6).

Silvestre, vers la même époque, reproduisit en fac-simile les titres émanés des abbayes de Saint-Thierry et de Corbigny, qu'il emprunta au rouleau de saint Vital (7).

(1) Bibliothèque de l'Ecole des chartes, 1846, 2e série, t. 3, p. 361, 402-411.
(2) 1866, chap. XXXVIII, p. 284-344.
(3) Patrologie latine, t. CLII, col. 554-606.
(4) Bibliothèque nationale. Collection d'Anisy. Mss. 10078, fonds latin, p. A.
(5) *Annuaire du département de la Manche*, 1836, p. 101.
(6) Documents historiques inédits, t. I, p. 344.
(7) *Paléographie universelle*, pl. 182, 1841.

Letellier l'a examiné au point de vue des pièces de versification qu'il renferme (1) ; elles offrent parfois un certain intérêt de nouveauté, en tant que poésie du XII° siècle.

Le conseiller de Formeville (2) publia de nouveau les textes du rouleau de saint Vital, sans se préoccuper de la première publication par M. Delisle, mais en y joignant quelques fac-simile.

Enfin l'abbé Desroches, qui a beaucoup écrit sur l'ancien diocèse d'Avranches, est venu le dernier en date avec une analyse des titres et chartes inédits de l'abbaye de Savigny (3).

IV. — Les Manuscrits de la Bibliothèque de Savigny

Dans le sens vrai du mot, le rouleau de saint Vital ne fut jamais considéré comme un manuscrit par les religieux de Savigny. Il dut faire partie d'un dossier relatif au Bienheureux et à sa canonisation ; il fut cependant classé au rang des archives les plus précieuses du monastère. Ses cartulaires, qui sont nombreux, ne durent point non plus être considérés comme des manuscrits.

(1) Réflexions sur la versification des pièces contenues dans le rôle de Savigny. *Mémoires des Antiquaires de Normandie,* tome X, p. 311.

(2) Rouleaux des Morts. *Antiq. de Normandie,* t. XVII, 1847, p. 229-270.

(3) *Antiq. de Normandie,* 1853, t. XX, p. 252-278.

Aux XII⁰ et XIII⁰ siècles, Savigny avait possédé un remarquable atelier de copistes. Le catalogue des manuscrits sortis de leurs mains en avait été dressé vers 1240. Il renfermait les titres de plus d'un millier d'ouvrages, d'après le conseiller du Molinet, qui le vit en 1678 (1). Dom Julien Bellaise l'examina de nouveau en 1687. Il l'a décrit dans une lettre adressée à Mabillon (2).

Mais au XVII⁰ siècle, sans doute par suite du pillage de sa bibliothèque par les calvinistes, en 1562, Savigny ne possédait plus qu'un petit nombre des volumes portés dans ce primitif catalogue. Baraton, prieur de Rillé, se rendit en juin 1678, de Fougères à Savigny, en compagnie des sieurs Pocquet et Durohanys, afin de faire un premier examen des manuscrits de l'abbaye. Dans une lettre du 5 juillet suivant, du Moulinet annonçait l'intention d'aller en personne les étudier. Il ne tarda pas à mettre son projet à exécution, et lorsqu'il vint à Savigny, en août, envoyé par le ministre Colbert, il n'y trouva qu'une centaine de manuscrits anciens, c'est-à-dire 104 ouvrages, dont il envoya la liste à Baluze (3). Le bibliothécaire de Colbert demanda bientôt l'envoi de quelques-uns de ces manuscrits, au nombre de dix-huit, dont treize étaient portés au catalogue sous les nᵒˢ 3, 10, 16, 21, 24, 35, 38, 40, 41, 48, 57, 67 et 89. Ils arrivèrent

(1) Bibliothèque nationale. Manuscrits fonds latin 9363, fᵒ 237.
(2)   Idem.   id.   fonds français 17678, fᵒ 34.
(3) M. L. Delisle, Mss. de la Bibliothèque nationale, t. I, page 464.

le 21 janvier 1679 chez Colbert, auquel les religieux en firent l'hommage désintéressé (1). La plupart se retrouvent encore aujourd'hui à la Bibliothèque nationale dans les collections de Colbert (2).

Y eut-il incurie de la part des moines de Savigny dans la conservation de leurs riches manuscrits? Est-ce à une autre cause qu'est due la diminution sensible que nous constatons dans leur quantité en 1739? Toujours est-il que le R. P. Dom Bernard de Montfaucon (3) n'indique que 70 manuscrits seulement dans leur bibliothèque. Il nous en fait connaître les titres et il constate en même temps que l'abbaye du Mont Saint-Michel possédait 237 manuscrits (4), et que celle de la Sainte-Trinité de Lessay n'en avait que 32 (5).

De ces indications il résulte que les catalogues des manuscrits de Savigny ont été dressés en 1678 et en 1739. Ils sont insérés dans les manuscrits de la Bibliothèque nationale, l'un au fonds latin 9363, f° 239, et l'autre au fonds latin 13070, f° 255. M. Delisle a publié le premier (6) et Montfaucon a donné le second.

Quant à connaître ce qu'ils sont devenus au

---

(1) Mss. latin 9364, f° 191. — Coll. Baluze, 100, f° 138. — Coll. id. 45, f° 370.

(2) M. L. Delisle. *Hist. gén. de Paris.* — Le cabinet des Mss. de la bib., 1868, t. I, p. 463, 527.

(3) *Bibliotheca Bibliothecarum manuscriptorum nova*, t. II, p. 1344 et seq.

(4) *Id., id.*, p. 1356.

(5) *Id., id.*, p. 1361.

(6) M. L. Delisle. *Vide supra*, p. 463.

moment de la Révolution, nul ne le sait. On peut cependant supposer que plusieurs furent emportés par les derniers religieux.

Beaucoup des livres de Savigny sont à la bibliothèque publique de Mortain. Celle de Fougères a reçu le manuscrit d'une grande importance de l'*Histoire de la Congrégation de Savigny,* dont nous avons parlé plusieurs fois déjà.

Pour nous, nous possédons en 8 volumes les manuscrits autographes des cours de rhétorique, de logique et de théologie enseignés aux novices par le dernier professeur du monastère.

V. — La Chronique de Savigny.

Cette composition est connue depuis fort longtemps.

Dans la pensée des narrateurs, elle devait relater très sommairement tous les faits se rapportant d'une façon plus ou moins directe à l'abbaye de Savigny. Cette chronique ne s'étend que de l'année 1112 à l'année 1378.

Elle a été publiée tout d'abord par Etienne Baluze, en deux parties, que l'on trouve dans ses *Miscellanea,* t. II, p. 315, et nouvelle édition, t. I, p. 326 ; puis t. XII, p. 781 et t. XVIII, p. 350.

Baluze avait eu recours à un manuscrit de la bibliothèque Colbert, 1058 (Biblioth. nationale, fonds latin 4860, fᵒˢ 132 et 133) ; aussi bien qu'à un

2.

autre manuscrit de Colbert, 1050 (Bib. nat., fonds latin 7596, f°ˢ 1 et 5.

La chronique a été reproduite, en 1876, d'une manière beaucoup plus complète et avec une plus grande autorité, par M. Léopold Delisle, dans le *Recueil des Historiens des Gaules et de la France*, t. XXIII, p. 584-587.

VI. — LE LIVRE DES MIRACLES DES SAINTS DE SAVIGNY.

Le manuscrit original de ce livre existait à l'abbaye de Savigny, lorsque Dom Claude Auvry écrivit son histoire de la congrégation de Savigny, f° 473. Il contenait alors 78 pages, bien que plusieurs feuillets en eussent été arrachés. Aux pièces justificatives de cette histoire, on en retrouve transcrits quelques fragments (f° 612 et suiv.)

D'après Cl. Auvry, le livre des miracles remontait à l'année 1243, c'est-à-dire au temps de saint Louis, qui, on se le rappelle, vint à l'abbaye de Savigny le 21 avril 1256. Les chroniques du temps disent qu'il coucha au monastère et qu'il mangea au réfectoire avec les religieux (1).

M. Léopold Delisle, à qui revient l'honneur d'avoir fait connaître ce texte d'une réelle valeur (2), l'a publié d'après l'un des anciens manuscrits de Savi-

(1) Bollandus. *Acta sanctorum mense, augusti,* t. V, p. 455.
(2) *Recueil des Historiens des Gaules et de la France,* 1876, t. XIII, p. 587-605.

gny, qui remonte à la fin du XIIIe siècle, ou au
commencement du XIVe, et qui lui avait été communiqué en 1846 par l'abbé Badiche. Il est à remarquer que ce dernier manuscrit avait fixé l'attention de Dom Bellaise, en 1687 (1).

VII. — Histoire de Savigny

Malgré la surabondance des documents qui
existent sur Savigny, il n'y a point d'histoire
sérieuse ni complète de ce monastère. Les éléments en sont fort importants, mais épars.

L'histoire manuscrite de sa congrégation, si elle
était publiée, n'en constituerait réellement qu'un
tronçon fort important, il est vrai, mais qui aurait
besoin d'être revu et surtout complété. Or un pareil
labeur exigerait un très long examen des nombreux
cartulaires de l'abbaye et des documents originaux,
fort considérables, qui formaient 59 caisses, lorsque
ses archives furent transportées au district. Du
reste, le P. Héliot (2) a fait d'une manière fort succincte l'historique de cette congrégation de Savigny.

En réalité, la *Chronique de Savigny* était destinée à relater les annales historiques de cette
maison. Elle ne contient que des indications par
trop sommaires, et elle s'arrête au XIVe siècle.

Dom Guillaume Liégeard, qui fut prieur de 1745

---

(1) Bib. nationale, fonds français 17678, f° 43. — M. L. Delisle,
Hist. gén. de Paris, t. I, p. 527.
(2) *Histoire des Ordres monastiques*, t. VI, p. 109.

à 1755, a fourni aux auteurs de la *Gallia christiana* les éléments de l'article qu'ils ont donné au tome XI, col. 542 de leur collection. Ce n'est en fait qu'une longue et sèche nomenclature des abbés de Savigny.

On peut en dire autant de la *Neustria pia*, p. 676, dont la composition est encore plus succinte.

Dans ses *Recherches sur les Abbayes du département de la Manche* (1), de Gerville n'a consacré que dix-huit pages à l'abbaye de Savigny. Le premier, il l'a considérée au point de vue archéologique et monumental, plutôt qu'à celui de l'histoire. Les appréciations qu'en a données Gally-Knight (2) nous ont paru supérieures et avoir plus d'autorité.

M. A. de Martonne, conservateur des archives de la Mayenne, a composé une excellente étude sous le titre : *Les Seigneurs de Mayenne et le Cartulaire de Savigny* (3). Mais l'histoire de Savigny n'est envisagée encore qu'à l'égard d'une fraction de la province du Maine et surtout de la ville de Mayenne.

De même, dans un mémoire resté manuscrit, et que nous avons communiqué en 1847 à la Société d'archéologie de Rennes, nous n'avions élucidé l'histoire de Savigny que dans ses rapports particuliers avec la Bretagne, avec ses ducs et avec les seigneurs de Fougères. M. l'abbé Lecanu (4)

(1) *Extrait des mémoires des Antiquaires de Normandie*, 1826.
(2) *Voyage archéologique en Normandie*, 1838, p. 88.
(3) *Commission hist. et archéol. de la Mayenne*, 1883, p. 118-140.
(4) *Histoire des Evêques de Coutances*, 2e édition, in-4o, tom. II.

a assez longuement parlé de l'abbaye de Savigny, qui se trouve noyée dans l'histoire générale du diocèse actuelde Coutances, dont elle ne fit jamais partie. A diverses reprises, la *Revue catholique du diocèse de Coutances et d'Avranches*, notamment en 1868 (1), a publié quelques très courts articles sur Savigny et sur ses saints.

Enfin, tout récemment, M. le chanoine Pigeon (2), à propos du célèbre monastère, a surtout parlé de ses fondateurs et de ses bienfaiteurs.

Nous ne saurions admettre davantage les travaux biographiques composés sur les principaux personnages qui ont illustré de tout temps l'abbaye de Savigny. Cependant plusieurs de ces études sont remarquables.

On ne peut dès lors que consulter avec fruit le manuscrit inédit *Neustria Sancta* d'Arthur du Moustier (3), non plus que l'*Histoire littéraire de la France*, tant sur saint Vital que sur le B. Serlon (4).

Dans la même catégorie se rangera le *Discours sommaire de la vie et du trépas de Claude Du Bellay, abbé de Savigny* (5).

La Société historique et archéologique du Périgord voulut bien accueillir, en 1879, dans son *Bulletin*, une étude que nous lui avions communiquée

---

(1) *Inconographie diocésaine*, n° 31, du 30 avril 1868, p. 517.
(2) *Le Diocèse d'Avranches*, 1888 t. 2, p. 536.
(3) Bibliothèque nationale, fonds latin n° 10054.
(4) *Bénédictins de Saint-Maur*, t. X, p. 322 — t. XII, p. 521.
(5) Louis Texier. *Le Trésor des Ames dévotes*, 1638, p. 667 à 694.

sous le titre : *Un Aumônier du roi Louis XV*. Plus tard, nous sommes revenus de nouveau sur le même sujet avec *Le dernier Abbé de Savigny, François-Odet d'Aydie* (1).

Ce n'étaient là que de simples monographies.

Aussi, en présence de ces ouvrages, qui sont certainement tous insuffisants, sans exception, nous est-il permis de regretter vivement la perte d'une *histoire* de ce monastère, dont l'auteur était Dom Pierre-Marie Bonnet, qui en fut prieur de 1766 à 1772. Peut-être était-elle complète. L'abbé Des-roches (2) en possédait le manuscrit. Il eût été bien inspiré de le faire connaître. Espérons qu'il en a assuré du moins la conservation en le déposant soit à la bibliothèque d'Avranches, soit aux archives diocésaines de Coutances, comme il l'a fait de beaucoup d'autres pièces précieuses.

(1) Mortain, Albert Mathieu, 1881, 64, p. p.
(2) *Histoire du Mont Saint-Michel*, t. II, p. 321, note 1.

Le Comte de Mortain et sa noble famille rendent visite au solitaire Vital. — Le Moine Osbert tombe du haut d'un mur sans se blesser. — Saint Bernard voit l'âme du bienheureux Vital monter au Ciel.

CHAPITRE I

—

SAINT VITAL [1]

——

Premières années

Saint Vital naquit au milieu du XI⁰ siècle, vers l'année 1050, à Tierceville, petite bourgade peu distante de la ville de Bayeux. Son père, nommé Reinfroy et sa mère, appelée Roharde, eurent une famille nombreuse, composée de quatre fils et de six filles (2). Possesseurs d'une certaine fortune, dont ils disposèrent plus tard pour partie en faveur de l'abbaye de Saint-Etienne de Caen, qui les compta parmi ses bienfaiteurs insignes, ils avaient fait donner une solide instruction à leurs enfants. Vital, entre autres, fut confié par eux à des maîtres distingués ; sans doute aux religieux de quelque

(1) La table générale des *Acta sanctorum*, publiés par les Bollandistes, signale 33 saints personnages du nom de Vital (Vitalis),

(2) Rouleau de saint Vital, titre de St.-Etienne, de Caen.

monastère voisin. Il répondit à leurs soins par une application remarquable à l'étude et tous, dès ses premières années, reconnurent chez lui une intelligence extraordinaire et des aptitudes exceptionnelles, aussi bien pour les dons de la parole que pour les sciences du droit et de la théologie

Signalé à Odon, évêque de Bayeux et frère du duc Guillaume de Normandie, Vital fut choisi parmi les clercs les plus remarquables par leur piété et par leurs talents, et envoyé par lui afin d'achever ses études dans l'une des universités les plus renommées des bords du Rhin. Ses progrès dans les sciences n'enflèrent point son cœur. Rempli d'une grande modestie, il s'était voué définitivement au culte du Christ Jésus, et, de retour en Normandie, il voulut rester quelques années dans sa propre famille, au milieu des siens, continuant à se perfectionner dans la plus noble des connaissances humaines par la méditation fréquente des saintes écritures.

Le disciple était devenu dès lors un maître habile. Volontiers, il faisait part aux autres, par l'enseignement, de ce qu'il avait appris, et déjà il avait formé autour de lui un cercle nombreux de jeunes hommes studieux et avides d'entendre sa parole onctueuse et persuasive, de suivre ses pieux exemples et de mettre en pratique sa divine doctrine.

LE CHAPELAIN DE ROBERT, COMTE DE MORTAIN.

La renommée de son éloquence et de son savoir
attira l'attention du comte Robert, frère par sa
mère du conquérant de l'Angleterre. Il pria donc
l'évêque de Bayeux, qui était également son frère
germain, de lui céder Vital. Celui-ci venait à peine
de recevoir le sacerdoce : il devint ainsi, sur l'autorisation de son évêque, le chapelain particulier du
comte de Mortain (1). Bientôt, dans ces délicates
fonctions, qu'il sut remplir avec autant de pru-
dence que de zèle et d'humilité, le serviteur de
Dieu eut conquis tous les suffrages. Le comte
Robert, la comtesse Mathilde, leur famille, leurs
barons et leur entourage professèrent pour le
digne chapelain une vénération toute filiale : ses
paroles étaient accueillies avec docilité et respect
et nul n'osait y contredire.

Bien probablement, et tout porte à le dire, ce dut
être à l'instigation pressante de Vital, dont l'esprit
d'organisation et d'invention novatrice le conseil-
lait déjà, que le comte eut la pensée de construire
à Mortain même une vaste église, sur les ruines
d'une ancienne chapelle élevée par saint Evroul, et
d'y fonder un collège de seize canonicats, sous le
titre d'église collégiale. Vital, qui était auprès de

---

(1) On a fréquemment désigné Vital sous le nom de saint Vital de
Mortain. La seule raison de cette qualification, c'est qu'il a habité cette
ville et sa contrée pendant plus de trente ans. A cette époque d'ailleurs
les noms de famille n'existaient pas.

Robert depuis plusieurs années déjà, fut tout naturellement choisi pour en être l'un des chanoines :
ceci se passait en l'année 1082 (1).

Mais il restait toujours chapelain du château (2).
L'historien de sa vie nous a révélé que dans cette
très difficile situation il dut éprouver parfois quelqu'amertume. Un jour, dit-il, Vital trouva la comtesse tout en larmes ; les sanglots étouffaient sa
voix et sa désolation était extrême. Le serviteur
de Dieu demanda à la noble châtelaine le sujet de
sa tristesse, et il en reçut la confidence d'un dou-
loureux secret. Le comte, cédant au caractère
impétueux des guerriers normands, s'oubliait souvent, dans sa colère, jusqu'à outrager et à frapper
son épouse. De pareils faits n'étaient pas rares
dans ces temps déjà bien éloignés de nous. L'histoire ne reproche-t-elle pas également des violences
inouïes de la part de Guillaume le Conquérant
envers la reine Mathilde (3).

Vital, très affligé de cette révélation, déclara que
si le comte ne changeait pas de conduite, il quitte-

(1) De l'église contemporaine de S. Vital, il subsiste encore une porte
romane qui a de très grands rapports avec la porte du réfectoire de
Savigny.

(2) Dans notre travail sur la *Ligue dans le Mortainais* (Mortain,
1885, p. 21), nous avons reconstitué le vieux château fort du comte
Robert de Mortain. Le donjon lui servait d'habitation pour lui et pour sa
famille. L'une des tours, nommée la Tour des Prêtres, orientée au couchant
et surplombant la vallée, servait évidemment aux chapelains. Vital dut
l'habiter. Ses assises existent toujours.

(3) La légende s'est greffée même sur l'histoire et les récits de cruauté
féodale, atteignant leur apogée dans *Barbe-Bleue*. En Normandie, on
raconte toujours les légendes de la *Croix-Pleureuse* et de *Maridnson*.

rait son service et s'éloignerait d'un foyer d'où la paix était bannie.

En effet, quelque temps après, sachant que Robert ne se corrigeait point, il s'enfuit du château sans prendre congé du comte. Celui-ci, apprenant bientôt son départ, courut lui-même à la recherche du fugitif. Il ne tarda pas à le rejoindre. « Pourquoi me quitter ainsi, lui dit-il ? Manquez-vous de quelque chose chez moi ? Que pouvez-vous désirer ?»

Le ministre du Christ ayant pris le guerrier à part, afin de n'être entendu de personne, lui indiqua alors le motif de sa fuite et s'efforça de lui faire comprendre, par de douces et pénétrantes paroles, combien son manque d'égards envers la châtelaine était indigne d'un époux, d'un seigneur et d'un chrétien.

Ils revinrent ensemble, et, quand ils furent arrivés, ils s'enfermèrent seuls dans la chapelle du château. Alors, continue l'historien révélateur des mœurs de ces temps de foi, où l'Eglise semblait parler à des cœurs généreux, repentants et humiliés, le comte se jeta aux pieds de son chapelain, confessant sa faute et en demandant pénitence et pardon. Le puissant seigneur quitta son manteau, et, découvrant ses épaules, il les offrit à une rude flagellation que le représentant de Dieu lui infligea d'une main sévère, suivant l'usage de ce temps (1).

Le repentir avait été sincère. Par sa fermeté, le

____

(1) *Vita B. Vitalis.*

prêtre avait fait rentrer la concorde dans le foyer domestique.

Vital continua donc à demeurer à Mortain. De nombreux disciples venaient s'instruire à ses leçons. Le comte et les barons le consultaient pour leurs intérêts privés ou publics, le personnel de la collégiale était nombreux, éclairé et agréable par ses relations, l'influence de Vital était grande et de nombreuses richesses lui étaient offertes. Mais, plus les honneurs et les biens de ce monde lui étaient prodigués, plus l'homme de Dieu en sentait la vanité.

L'Ermite des Forêts de Mortain et de Craon

« Jusque-là, dit Etienne de Fougères, nous avons suivi ce juste marchant sur la terre ; nous allons le voir s'élever maintenant comme l'aigle et planer dans les hauteurs célestes. »

C'était en l'année 1093. Depuis environ quinze ans, Vital, qui avait toujours résidé à la cour des châtelains de Mortain, résolut de tout quitter pour s'attacher à Dieu seul et travailler uniquement au salut de son âme. Il se démit de toutes ses dignités, résigna ses charges, vendit ses biens qui étaient considérables et en distribua le prix aux pauvres. Puis, pauvre lui-même, il embrassa la vie érémitique.

Comme dernière grâce, le comte Robert lui de—

manda de choisir sa retraite dans un lieu assez rapproché du château, pour que lui et sa famille pussent continuer à recevoir, de temps en temps, les conseils d'un père spirituel aimé et vénéré de tous. Vital y consentit. Il établit donc sa cabane à quelques stades de l'église du Neufbourg, qui était alors l'annexe ou plutôt le faubourg de la ville de Mortain. Il la construisit sur le revers d'une montagne d'aspect sauvage, dans un lieu solitaire et très pittoresque, situé entre les deux torrents de la Cance et du Canson, dont les ondes bruyantes se précipitent en deux impétueuses cascades au milieu d'immenses rochers, avec pour perspective le château féodal aux tours crenelées de ses protecteurs, et plus loin encore l'immensité d'une vaste forêt.

Il avait espéré y vivre loin des hommes, comme dans une nouvelle Thébaïde, à l'abri de tous soucis et dans le recueillement de la prière. Mais bientôt la foule connut le chemin de l'ermitage. Beaucoup y venaient ; les uns pour demander un conseil, d'autres pour solliciter la faveur d'embrasser, sous sa direction, la vie pénitente. Parmi ces derniers, l'histoire a conservé trois noms. A l'exemple de leur maître, ils se construisirent des cellules, voisines de la sienne, au milieu des rochers.

Vital ne leur donna point d'abord de règle écrite. Le silence absolu, la prière continuelle, le travail des mains et la fréquentation quotidienne des sacrements à l'église du Neufbourg, qui était toute proche : telle était la vie des solitaires de Mortain.

Mais les terrains choisis par eux ne pouvaient rien produire pour la subsistance des ermites. Le comte Robert donna donc à son ancien chapelain la possession d'un sol un peu plus fertile, où lui et ses frères pussent, par un travail assidu, faire pousser quelques récoltes. Ces terres, défrichées par les religieux, sont encore désignées aujourd'hui sous le nom des vieilles abbayes ; elles sont au nord de l'église du Neufbourg, entre la rue du Neufbourg et le cours de la Cance, là où fut établi trente ans plus tard le primitif *Parthenon de la Blanche*, qu'il ne faut pas confondre avec celui auquel le Petit-Séminaire de la Blanche a succédé, sur la rive opposée du torrent.

Dans de telles conditions, Vital ne jouissait plus de la solitude qu'il avait recherchée et rêvée. D'autre part, la renommée de Robert d'Arbrissel, chef des ermites de la forêt de Craon, et qu'on nommait le «prince du désert», l'enflammait du désir d'aller se placer sous la direction d'un tel maître. Ses compagnons voulurent le suivre. Du consentement tacite du riche donateur, Vital céda la propriété du Neufbourg à l'abbé de Saint-Etienne, de Caen, et partit pour la forêt de Craon se joindre aux austères ermites.

Prédicateur et Missionnaire.

Deux années ne s'étaient pas encore écoulées lorsque le pape Urbain II, qui venait de décider, en

1095, au célèbre concile de Clermont, en Auvergne, la première croisade pour le recouvrement de la Terre-Sainte, chargea Robert d'Arbrissel, le futur fondateur de l'illustre abbaye de Fontevrault, de prêcher dans l'Ouest de la France pour le succès de cette grande et chevaleresque entreprise, tandis que Pierre l'Ermite évangelisait le Nord.

Robert d'Arbrissel s'adjoignit dans ce ministère Vital, dont il connaissait la haute éloquence et la sainteté. Leurs prédications eurent de merveilleux résultats. La Normandie fut peut-être l'une des contrées qui envoya le plus de guerriers vers Jérusalem, sous la conduite du jeune duc Robert Courteheuse. Tout nous porte à croire que Vital dut venir porter la divine parole dans le diocèse d'A-vranches et dans le Mortainais, où il savait avoir une grande influence. Ce nous est là une révélation des manuscrits récemment découverts. L'histoire ne nous avait retracé que le seul rôle de Pierre l'Ermite, auquel on a élevé des statues, et elle nous avait laissé ignorer les noms de Robert d'Arbris-sel et de saint Vital, qui cependant devaient être tous les trois associés dans l'œuvre de la prédication de la première croisade.

Pour bien se rendre compte des qualités de saint Vital, surtout de ses talents oratoires, il faut avoir vu le concert d'éloges que ses contemporains — et ils sont nombreux — ont rendu à sa mémoire. C'était peut-être le religieux le plus instruit et l'un des plus éloquents de son époque. Il était, du reste, très versé non seulement dans la connaissance des livres sacrés, mais encore les règles de la rhétorique lui étaient familières et il avait l'élégance et l'éloquence de Cicéron, qu'il possédait parfaitement (1). Son style, disent ceux qui le connurent, était vif, fleuri et coloré, ses pensées nobles et ingénieuses, son imagination brillante et feconde en allégories. Il était remarquable par son entraînement persuasif et surtout par la grande facilité de son élocution (2). Il avait une grâce merveilleuse à parler, tous s'accordent sur ce point. En un mot, saint Vital n'était pas seulement fort éloquent, mais son éloquence était sainte, *facundus facundiâ sanctâ* (3), et il s'était rendu célèbre par sa doctrine *doctrinâ vicuit* (4).

Vital était infatigable dans son zèle. La faim, la soif, la chaleur de l'été, les plus grands froids de l'hiver, les intempéries des saisons, rien n'arrêtait son courage ni son ardeur.

On raconte qu'un jour il traversait une immense forêt : il s'y égara avec ses compagnons. Durant trois jours ils marchèrent sans autre nourriture que des herbes crues et des fruits sauvages. Enfin, le quatrième jour, ils arrivèrent dans le village où on les attendait. La population se réunit aussitôt au-

(1) *Vita sancti Vitalis*, ch. I, art. X.
(2) *Ordericus Vitalis. — Guillelmus Neubridgensis. — Robertus de Monte. — Chron. Savigniense. — Hugo Abrincensis. Poema ad landes Vitalis.*
(3) *Ex rotulo Savigneii.*
(4) Le même rouleau de saint Vital.

tour des missionnaires pour les entendre, et l'orateur, sans se reposer, commença son discours. Déjà l'heure de midi était écoulée et le prédicateur ne cessait de parler à la foule, toujours avide de l'écouter. Un des ermites qui l'avaient accompagné se sentant défaillir, dit à demi-voix à un de ses voisins que Vital et ses compagnons n'avaient presque rien mangé depuis quatre jours. Cette nouvelle vola de bouche en bouche, et le peuple força le saint prédicateur d'interrompre un moment son discours pour prendre une subsistance dont il avait si grand besoin. Cette nourriture consistait ordinairement en un peu de pain d'orge ou d'avoine avec de l'eau et quelquefois un peu de lait et de miel.

Faits miraculeux.

Les prédications de Vital eurent des succès merveilleux en France et en Angleterre, car il savait dire la vérité sans faiblesse aux grands comme aux humbles, aux ecclésiastiques aussi bien qu'au peuple. De plus, il touchait tout le monde par ses propres exemples d'une vie irréprochable et de sainteté. Enfin, il sut conquérir les cœurs dans plusieurs circonstances où les populations proclamèrent la miraculeuse interposition de Dieu et la puissance merveilleuse du thaumaturge.

Sa pierre tombale, qui subsiste toujours, et que nous avons vue dans la cour du presbytère de

Savigny, proclame que saint Vital ressuscita un jour un soldat. Voici dans quelles circonstances :

Deux familles nobles étaient profondément divisées. Des hommes vertueux leur firent accepter la médiation de Vital et les deux parties se présentèrent devant l'arbitre. L'une d'elles se montra disposée à faire la paix ; mais les chevaliers de l'autre se refusèrent à tout accommodement et s'éloignèrent au galop de leurs chevaux. Bientôt l'un des cavaliers de l'escorte tomba de sa monture et se brisa le crâne. Aux cris de ses compagnons, Vital s'empressa d'accourir, suivi de la population. Le cadavre gisait à terre, dans une mare de sang. « Prions tous, s'écria Vital, afin que Dieu daigne, pour la gloire de son nom et pour l'utilité des âmes, faire éclater sa toute-puissance. » Il se met donc à prier à haute voix, et les assistants, à genoux comme lui autour du mort, répètent ses paroles avec une indicible émotion. Puis se relevant, il dit au mort : « Au nom de Jésus-Christ, fils du Dieu vivant, je te l'ordonne ! Lève-toi ! »

Le cavalier ouvre les yeux comme quelqu'un qui se réveille d'un sommeil profond et il se lève. Son visage et ses vêtements sont ensanglantés ; mais il ne lui reste aucune trace de sa blessure. Et les paroles qu'il prononce en témoignage de sa reconnaissance du miracle qui le rappelle à la vie, sont un vœu qu'il forme d'entrer dans un cloître et d'y achever son existence dans la pénitence (1). Ne

____

(1) *Vita sancti Vitalis.*

dirait-on pas là une scène biblique et une reédition de la résurrection de Lazare par le Sauveur lui même.

L'Abbaye de Savigny.

Cependant Vital était revenu plusieurs fois à Craon. Mais le trop grand nombre des habitants de cette colonie le privait de la solitude qu'il recherchait. Il se retira d'abord dans la forêt de Fougères, où il vit accourir presqu'aussitôt vers lui Bernard d'Abbeville, plus connu sous le nom de Bernard de Tyron, ainsi que Raoul de la Fustaye, qui fondèrent l'un l'abbaye de Tyron, au Perche, l'autre le monastère de Saint-Sulpice, dans la forêt de Rennes. Bientôt fatigué par cette foule toujours grossissante, Vital reprit ses pérégrinations à travers le Maine et la Normandie, et il vint fonder une maison de retraite à Dompierre, en la paroisse de Mantilly, afin de s'y recueillir et de s'y reposer des fatigues de ses prédications. Ce fut le noyau du premier établissement cénobitique qu'il fonda et qui devint plus tard un prieuré conventuel (1).

Mais les disciples du bienheureux s'y multiplièrent en telle quantité qu'il fallut presque de suite songer à un établissement plus durable, car ils étaient une quarantaine autour de lui. Raoul, seigneur de Fougères, cédant alors à ses instan-

(1) Voir plus loin le chapitre II de cette étude.

ces, et, voulant en même temps éloigner les religieux aussi bien de son château que de sa forêt de Fougères, dont ils auraient peut-être anéanti les satisfactions de la chasse et *défriché les plaisirs,* consentit à abandonner à Vital la forêt de Savigny, située sur les confins de trois provinces, et qui lui appartenait au diocèse d'Avranches, à quelques lieues à peine de Mortain.

Ce fut là, qu'au fond d'un vallon solitaire, arrosé par deux rivières, sur l'emplacement d'un antique château en ruines, au milieu de chênes séculaires et de collines incultes, dans une situation affreuse, comme le disent les chartes du XIIe siècle, sur la marche du territoire normand, dont la Cambe, l'un des affluents de l'Airon, est la limite, en face du Maine, auquel appartient Landivy, que l'on aperçoit à peu de distance, et en avant de la Bretagne, dont on reconnaît les coteaux lointains; ce fut là, disons-nous, que Vital et ses compagnons résolurent de fixer leur séjour.

Peu après, et lorsqu'en 1106 une guerre terrible éclata entre Robert, duc de Normandie et Henri, roi d'Angleterre, son frère, et que le comté de Mortain devint le théâtre des combats, on vit Vital, qui n'était encore qu'ermite, quitter sa retraite et s'interposer avec ardeur entre les belligérants. Ordéric Vital (1) nous l'a dépeint au milieu des camps, sous

(1) Order. Vitalis. *Histoire ecclésiast.*, lib. XI, ap. Chenium, p. 830. Voir aussi : H. Sauvage, *Rech. hist. sur l'arrond. de Mortain*, p. 82 et ss. — M. l'abbé Dumaine, *Hist. de Tinchebray*, t. I, p. 45. — Moulin, *La Bataille de Tinchebray.* — D. Morice, *Hist. de Bretagne*, t. I, p. 86. — Roujoux, *Hist. de Bretagne*, t. II, p. 124.

les murs de la forteresse de Tinchebray, apportant des paroles de paix et parlant d'autorité aux frères ennemis. Comme un autre Tacite, il a tenté de reconstituer les discours de Vital, sous une forme un peu déclamatoire, bien éloignée des éloges que comportent le grand rouleau de Savigny et qui sont les seules expressions vraies des contemporains. Mais le pieux religieux n'ayant pu obtenir une reconciliation désirée, dut se retirer pendant que le sort des armes allait tout décider.

Vital était donc établi déjà dans la forêt de Savigny depuis environ 7 années (1), quand à son retour d'un voyage entrepris à Rome, en 1110, Raoul de Fougères voulut lui ratifier d'une façon définitive et authentique l'autorisation qu'il lui avait primitivement donnée.

Un acte en règle fut alors rédigé, le 25 janvier 1112, qui concédait à perpétuité à Vital le vallon de Savigny et la forêt entière, pour l'établissement d'un monastère (2), dont il fut appelé désormais le père nourricier. La charte, reproduite bien des fois, en est parfaitement connue.

Afin de parfaire son œuvre de piété, Raoul de Fougères voulut même accompagner Vital à Avranches, pour obtenir d'Henri Ier, roi d'Angleterre et duc de Normandie, qui se trouvait en ce moment dans cette ville avec sa cour, la confirma-

____

(1) Fleury, *Hist. ecclés.* t. XIV, p. 170. — *Annales de Mabillon,* t. V.

(2) Il a existé une autre abbaye de Savigny, au diocèse de Lyon. Jamais elle n'eut la renommée de celle qu'avait fondée saint Vital.

tion de sa donation. L'acte en est daté du 2 mars
1112. Enfin, le pape Pascal II, quoiqu'occupé au
concile de Latran, s'empressa d'adresser à Vital
une bulle d'approbation, datée de Latran le 23 mars
de l'année suivante.

Au nombre de 140, les premiers religieux de
Savigny se mirent sous la direction de Vital, qu'ils
élurent pour leur supérieur, avec le titre d'abbé,
dont il reçut la consécration des mains de l'évêque
d'Avranches. Vital donna au monastère la règle
de saint Benoît, avec toute sa rigoureuse obser-
vance. Une église fut bâtie dans la vallée et autour
d'elle s'élevèrent les premières constructions d'un
vaste monastère.

Bientôt même Savigny, devenu chef d'ordre
indépendant, et l'un des plus célèbres monastères
de France, alla coloniser dans les diverses provinces de la France et jusqu'en Angleterre. Mais à
saint Vital ne revient l'honneur que d'en avoir
fondé trois (1), tandis que son successeur en
créa vingt-six.

Le bienheureux Vital assista, en 1119, au concile de Reims. Par ordre du pape Calixte II (2), en
présence du roi Louis le Gros, de 15 archevêques,
de 200 évêques de France, d'Allemagne et d'Angleterre, et d'un grand nombre d'abbés, il y pro-
nonça plusieurs admirables discours qui lui valu-

(1) Ce sont Savigny, Dompierre et La Blanche.
(2) Vita *sancti Vitalis*, lib. II, art. XII.

rent les éloges et l'estime particulière du successeur de saint Pierre. Celui-ci, dans des termes
flatteurs, déclara que personne ne lui avait encore
jusque-là aussi bien ni mieux tracé avec autant
de force et de fermeté, les devoirs suprêmes d'un
souverain pontife.

Les sermons et les discours oratoires de saint
Vital ne nous ont pas été conservés, malheureusement, tandis que ceux de Serlon, son troisième
successeur comme abbé de Savigny, qui vivait à
peine trente ans après lui, subsistent toujours et
se retrouvent parmi les manuscrits de la Bibliothèque nationale en partie, ou même ont été impri-
més (1). Mais sa vie, aussi bien que celle du
B. Hamon, l'un des vénérés religieux de Savigny,
écrites par Etienne de Fougères, qui mourut dans
notre grande abbaye de Savigny, le 23 septembre
1178, et que longtemps on avait cru perdues, sur
la foi de Maupillé (2), de Darras (3), de Pluquet (4)
et de quelques autres encore, ont survécu aux
révolutions de sept ou huit siècles. Grâce aux récits
de cet écrivain, nous avons pu reproduire quelques
fragments de son existence. Nous laissons à
d'autres le soin de donner dans son intégralité la
traduction de l'œuvre fort intéressante du biogra-
phe de S. Vital.

(1) Bertr. Tissier. *Bibliot. patrum Cisterciensium* t. VI. p. 108-130.
(2 Bertin et Maupillé, *Histoire de Fougères*, p 46 et 497.
(3) *Hist, gén. de l'Eglise*, t. 24, p. 571.
(4) *Bibliographie de la Manche*, Mémoires de l'Académie de
Cherbourg.

Mort de Saint Vital

L'année 1122 vit mourir saint Vital.

Vers la mi-septembre il se trouvait en visite dans le prieuré de Dompierre : il y tomba gravement malade. Le 16, un mardi, de très grand matin, il se fit transporter dans la chapelle, où, après avoir chanté les matines et commencé l'office de la sainte Vierge, avec ses religieux, il rendit son âme à Dieu, au moment où il venait de donner la bénédiction à celui qui devait réciter la leçon.

Le temple s'illumina aussitôt d'une clarté surnaturelle et se remplit d'un parfum céleste, disent les chroniques (1). Saint Bernard, déjà abbé de Clairvaux, vit, dit-on encore, l'âme de saint Vital monter au ciel escortée des chœurs angéliques. Il se fit également plusieurs miracles pendant les trois jours que son corps resta exposé à la vénération des peuples, aussi bien qu'au moment de ses funérailles solennelles dans l'église de son abbaye de Savigny.

---

(1) *Vita sancti Vitalis,* lib. II, art. XVI.

PORTE ᴅᴜ RÉFECTOIRE ᴅᴇ L'ABBAYE ᴅᴇ SAVIGNY

CHAPITRE II.

Le Prieuré de Dompierre

Dès les dernières années du XIe siècle, ainsi que nous l'avons vu, saint Vital s'était à plusieurs reprises retiré à Dompierre, en la paroisse de Mantilly, sur les confins du Maine, où il avait réuni une certaine quantité d'ermites. Bon nombre d'entre eux le suivit plus tard dans la forêt de Savigny : quelques-uns cependant restèrent à Dompierre.

De cet ermitage il fit un prieuré, lorsqu'en 1119 le roi d'Angleterre Henri Ier lui eut fait l'aumône de plusieurs domaines encastrés dans la forêt de Passais. Vital en jeta les fondements dans un vallon solitaire, doucement incliné vers les rives verdoyantes de La Colmont, au milieu d'une nature calme et silencieuse, admirablement choisie pour le recueillement monastique. Et chose à remarquer, c'est que tandis qu'à Savigny, l'œuvre gigantesque de Vital, on ne voit plus que des amoncellements informes de décombres, à Dompierre, où il est mort presque dans la solitude, les lieux ont conservé en grande partie leur aspect primitif. A les visiter, on croirait presque à un enchantement et l'on penserait à se reporter sans difficulté à plusieurs siècles en arrière.

L'enceinte des clôtures a partout disparu ; mais les bâtiments demeurables et ceux de l'exploitation rurale sont restés à peu près intacts. Il est facile, en effet, de reconnaître avec M. le président Le Faverais (1) que l'on est bien en présence des édifices contemporains de saint Vital. La porte d'entrée est de l'ère romane secondaire, c'est-à-dire à plein cintre, et décorée d'une voussure ornée vers la partie médiane de quelques billettes. Elle donne accès à deux vastes pièces, dont l'une devait être la salle du chapitre et des réunions d'études, et l'autre le réfectoire. A la suite était l'église, qui formait deux parties parfaitement distinctes. La première, attenant aux logements des religieux, servait à leurs exercices particuliers. Elle formait la portion septentrionale de la nef, qui était ainsi divisée en deux par une large arcade romane, ornée d'une gorge. La seconde, c'est-à-dire la nef accessible au public, avait au levant un chœur dont le chevet se trouvait éclairé par une fenêtre geminée du XIIIᵉ siècle, postérieure de deux siècles environ à l'ensemble des constructions. L'autel parait avoir été consacré à saint Michel, dont on voit encore une statuette fort ancienne mutilée. Mais dans la chapelle proprement dite des religieux se trouvait un deuxième autel, dont la table porte les traces de la pierre consacrée sur laquelle, bien vraisemblablement, saint Vital célébra les divins

(1) *Bulletin de la Société hist. et archéolog. de l'Orne*, et tirage à part.

mystères. Cet autel a tous les caractères du XIIe
siècle : deux fenêtres qui l'éclairaient, et qui sont
actuellement murées, étaient parfaitement romanes.

Au premier étage, au-dessus de la salle du chapitre et du réfectoire, se trouvaient les dortoirs,
auxquels on montait par une tour circulaire, dé-
truite depuis environ 50 ans.

Dans ces quatre salles du rez-de-chaussée et du
premier étage on remarque surtout d'immenses
cheminées à manteaux saillants, aux consoles à
volutes, et supportées, ici par de simples piliers,
là par deux demi-colonnes romanes, engagées
dans le mur, avec chapiteaux romans et décorées
de dents de scie. Nos contrées n'offrent plus que
ces seules cheminées comme spécimens d'une
époque aussi reculée.

Le chanoine Le Paige, dans son *Dictionnaire du
Maine* n'a même pas fait mention du prieuré de
Dompierre : son histoire est donc entièrement à
faire. On en trouverait certainement les éléments
dans les registres des Insinuations du diocèse du
Mans, conservés aux archives de la Sarthe.

L'antique prieuré mérite plus que la visite d'un
archéologue, car il reflète un pieux et dernier souvenir de saint Vital. Nous reclamons pour lui un
pieux pèlerinage.

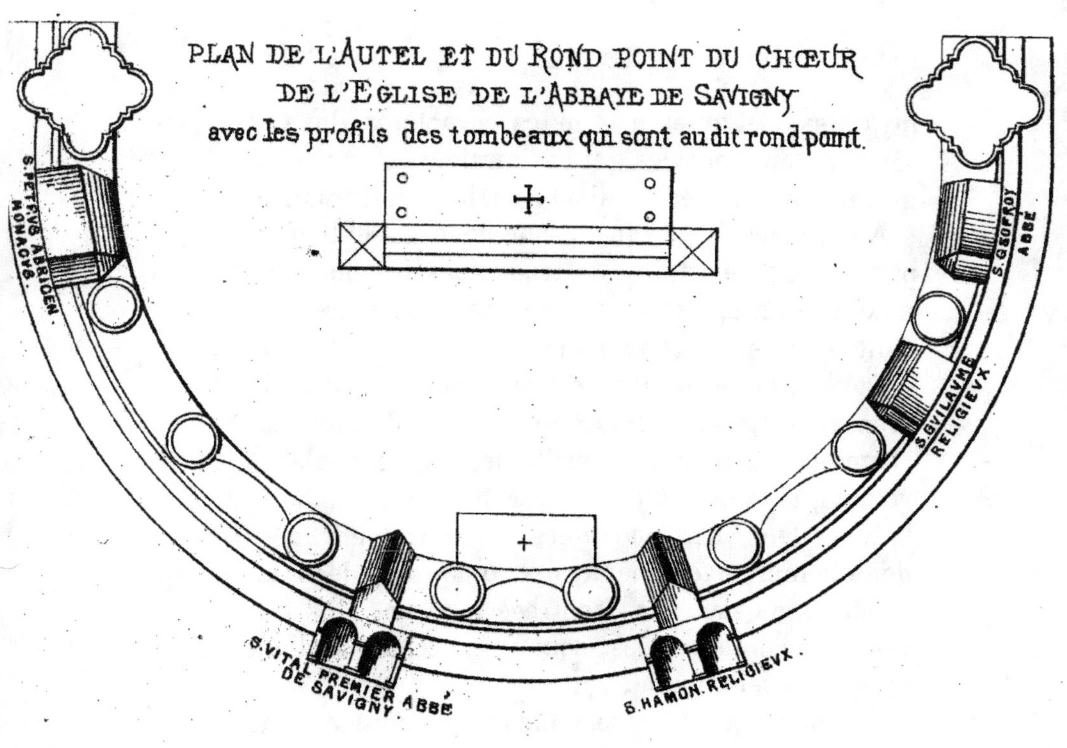

PLAN DE L'AUTEL ET DU ROND POINT DU CHŒUR
DE L'EGLISE DE L'ABBAYE DE SAVIGNY
avec les profils des tombeaux qui sont audit rond point.
S. PETRVS ABRICEN MONACVS.
S. GVILAVME RELIGIEVX
S. GEOFROY ABBE
S. VITAL PREMIER ABBE DE SAVIGNY
S. HAMON. RELIGIEVX.

CHAPITRE III.

Les Saints de Savigny.

Il est de notoriété que saint Vital est mort en odeur de sainteté.

Dans tous les temps il fut regardé comme l'un des plus grands ornements de l'ordre monastique. Toujours il a été considéré comme la fleur des abbés et le modèle des vertus (1); on l'a qualifié la gloire, le chef, le maître, et pour employer les termes des historiens les plus autorisés, il a été proclamé le prince des moines (2). Son culte a donc pris naissance aussitôt après sa mort.

Dans trois circonstances mémorables, ses reliques ont été l'objet de solennelles cérémonies.

La première fois, ce fut dans la primitive église, bâtie par S. Vital, lorsque les trois évêques d'Avranches, du Mans et de Rennes levèrent son saint corps au-dessus de la terre et l'exposèrent ainsi à la vénération des peuples (3).

La deuxième et la troisième fois, lors des fêtes de leurs translations des années 1181 et 1243.

Ce qu'on ne peut révoquer en doute, c'est que les

(1) Flos abbatum, *Rouleau de saint Vital*, tit. Sti Pauli Londonensis.

(2) Gauf. Grossus. Vita Bernardi Tyronensis.— Guill. Neubridgensis. — Ord. Vitalis, hist, ecclesiastica.

(3) Beatorum Saviniacensis cœnobii corpora honorifice elevata sunt et exposita ab episcopis. — Menardus, Martyrologium Beuedictini ordinis.

populations entières ont publiquement invoqué son intercession auprès de Dieu.

Cependant le nom de saint Vital, non plus que ceux de ses compagnons de Savigny, ne figurent pas dans l'*Ordo* actuel du diocèse de Coutances. Cette circonstance nous a surpris; mais il nous a été répondu qu'ils n'étaient pas mentionnés autrefois dans l'*Ordo* de l'ancien diocèse d'Avranches.

Nous avons voulu étudier cette question, et voici le résultat de nos recherches.

A l'époque où vivait Vital, les formalités de la canonisation, ou, si on le préfère, de la béatification, consistaient dans l'élévation hors de terre des corps saints, c'est-à-dire qu'ils étaient placés dans des cénotaphes au-dessus des pavages des temples chrétiens. Souvent ces monuments, offerts à la vénération des populations, étaient même posés sur des colonnes sous les autels, au-dessous des pierres consacrées. Ainsi en fut-il notamment de saint Guillaume Firmat, dans l'église de Mortain, où, depuis le XII siècle (1), ce contemporain de saint Vital a été vénéré.

Il est certain que l'on ne faisait rien autre chose pour admettre au rang des bienheureux les serviteurs qui avaient vécu et qui étaient morts en odeur de sainteté. Les souverains pontifes se sont réservé le droit exclusif de prononcer eux-mêmes sur les questions de la canonisation. Mais on sait aussi

(3) Saint Guillaume Firmat fut canonisé en 1154. D. Piolin. *Histoire de l'Eglise du Mans*, t. 3. p. 464.

que vers le milieu du XIIe siècle et plus tard encore, un grand nombre d'évêques ont exercé ce pouvoir et cette autorité comme dans les temps antiques de de la primitive Eglise. C'est ce qui est arrivé à l'abbaye de Savigny pour les bienheureux de ce monastère.

Ces personnages étaient au nombre de cinq, savoir : St Vital, St Geofroy, St Hamon, St Pierre d'Avranches et St Guillaume ; on y ajoutait le nom de Ste Adeline, sœur de saint Vital. Les premiers, comme nous le savons déjà, avaient été élevés de terre avec solennité. Bientôt après ils furent transportés, en grande pompe, le 30 mars 1181, le mardi après Pâques, de l'église de la Trinité dans celle de Sainte-Catherine.

C'était après l'annexion de la congrégation de Savigny à l'ordre de Citeaux. Aussi le vénérable Pierre, abbé de Clairvaux, sur les instances de Simon, de la famille des comtes d'Evreux, abbé de Savigny, présida-t-il lui-même, en qualité de supérieur général, aux fêtes de la translation, avec l'assistance de quelques autres abbés, en présence de Raoul, seigneur de Fougères, et d'une foule considérable de chevaliers et de peuple (1). Elles furent placées dans un vaste et unique tombeau. Chacun des saints personnages y fut « mis séparément, dans des châsses de bois, avec des lames de plomb et des inscriptions (2). »

(1) *Chronica Savigniac.* — *Histoire de la Congrégation de Savigny.*
(2) *Præmium lib. miraculorum SS. Savign.* p. 4.

La seconde translation des saints de Savigny remonte au 1er mai 1243.

Après vingt-sept ans de travaux, à peine soixante ans plus tard, et lorsque l'abbatiale commencée par Joscelin eut été terminée, l'abbé Guillaume de Douvres y fit chanter les saints offices en 1200, le jour de l'Assomption de la Sainte Vierge (1). Cependant sa dédicace n'eut lieu qu'en 1220, le 10 mai. Elle fut faite par l'archevêque de Rouen, assisté de ses cinq suffragants, les évêques d'Avranches, de Bayeux, de Lisieux, de Coutances et de Séez (2).

Mais les imposantes cérémonies qui eurent lieu aux trois dates de 1181, 1200 et 1220, ne sauraient supporter une comparaison avec celle que provoqua en 1243, le 1er mai, jour de la fête des S.S. Jacques et Philippe, la translation définitive, dans cette même abbatiale, des reliques des saints de l'illustre monastère. Jamais, dans la contrée, pareille affluence n'avait été remarquée. Les chroniques du temps et tous les écrits portent l'évaluation de cette foule innombrable jusqu'à cent mille personnes (3).

Ce fut du temps d'Etienne de Lexington, abbé de Savigny, que cette solennité eut lieu. L'évêque de Séez, Geoffroy de Maët, qui y présidait, fit alors placer chacune des châsses des saints dans des

---

(1) *Chronica Savigniensis,* p. 7.
(2) *Chron. Sav.*   id.
(3) *Ex. lib. de transl. SS. Savig.,* p. 2, 4, 5 et seq.— *Chron. Sav.*

sépulcres de pierre faits en forme de chapelles, entre les colonnes du rond-point de l'église, c'est-à-dire dans la *circata*, à l'entour du grand autel (1).

Le corps de saint Vital était ainsi posé sur une table de pierre, soutenue par cinq petites colonnes, vis-à-vis de la chapelle de saint Martin.

Celui de saint Hamon était placé de même, devant la chapelle de tous les saints.

L'un et l'autre se trouvaient à droite et à gauche de l'autel de Notre-Dame, du côté du levant.

Celui de saint Geofroi, entre les piliers du sanctuaire et la première colonne, devant la chapelle de saint Nicolas.

Celui de saint Guillaume de Niobé, entre la 2ᵉ et la 3ᵉ colonnes, devant l'autel de saint Jean-Baptiste, du côté du septentrion.

Et celui de saint Pierre d'Avranches, entre le pilier de la 1ʳᵉ colonne, du côté du midi, vis-à-vis l'autel de saint André, à l'opposé de celui de saint Geofroi (2).

Les reliques de sainte Adeline restèrent alors dans l'église de Sainte-Catherine. Elles y étaient encore au temps où D. Claude Auvry écrivait l'histoire de la congrégation de Savigny. Il est bien vraisemblable dès lors qu'elles ne furent apportées

(1) *Chron. Savig.* p. 13. — *Hist. de la Cong. de Savigny.*

(2) *Vita St. Gaufridi*, X. 7.}— *Chron. Sav.*

La Bibliothèque nationale possède le dessin de ces tombeaux. V. coll. de Boze, nº 1028. — Nous le reproduisons dans cette monographie.

4.

dans la grande église abbatiale qu'après l'incendie du 12 août 1705.

En présence de cette foule immense, accourue de plusieurs provinces, il s'opéra un certain nombre de miracles. Leur exposé, tout naturellement, est en tête du livre qui en fut écrit (1).

Nous devons ajouter à ces détails que l'abbé Etienne, avant de fermer et de sceller les sépultures, avait eu le soin d'extraire des châsses divers fragments des reliques qu'il avait renfermés dans trois reliquaires dorés et couverts d'émaux. L'un était en forme de chapelle ; les deux autres en forme de tours de chapelles. Chacun d'eux rappelait des scènes tirées de la vie des bienheureux de Savigny, ou des emblèmes de piété. Ces reliquaires, exposés sur les autels, étaient portés solennellement aux deux processions habituelles qui avaient lieu dans l'abbaye, l'une le mardi de Pâques, l'autre le 1er mai, aux anniversaires de l'élevation et des translations ci-dessus indiquées (2).

Un an après cette dernière solennité, c'est-à-dire en 1244, Raoul III, seigneur de Fougères, témoin des merveilles que Dieu opérait à Savigny par l'intercession de ses saints illustres, adressa une supplique au pape Innocent IV, afin de lui demander de procéder à leur canonisation dans les formes nouvelles. Sa requête était conservée avec soin au chartrier de l'abbaye : elle doit être

(1) Voir notre préface n° 6.
(2) *Hist. de la Congrég. de Savigny*, ff 468, 469.

aujourd'hui aux archives nationales de France.
Mais le dossier concernant le résultat qu'elle put
obtenir ne s'y trouvait pas.

Le souverain pontife, par son silence, voulut-il
donner une ratification tacite au fait de la béatification consacrée, selon l'usage des temps antérieurs,
par la levée de terre de saint Vital et de ses compagnons? c'est assez probable. Des recherches dans
les archives du Vatican et de la cour de Rome
pourraient seules apporter une preuve contraire.
Car enfin il est positif, et c'est une vérité constante,
que depuis sa mort en 1122, Vital a toujours été
publiquement considéré comme saint et bienheureux. Il a été honoré et invoqué comme tel d'une
manière spéciale dans les provinces de la Normandie, de la Bretagne, du Maine et de l'Anjou, et d'une
manière générale dans la France entière et dans
l'Angleterre (1). C'est surtout depuis l'année 1243 que
les populations ont embrassé et confondu pour ainsi
dire tous les bienheureux de Savigny dans un
seul et même culte solennel. Car enfin il y avait
dans l'abbaye un propre, c'est l'expression, ou
plutôt un office particulier pour saint Vital (2).
Mais la mémoire de tous en commun et par le rap-

(1) *Hist. de la Cong. de Savigny,* f° 474.

(2) Le propre de saint Vital, c'est-à-dire l'oraison qui lui était person-
nelle, était dite le 16 septembre de chaque année. Retrouvé dernièrement
par M. Pierre Lemesle, vicaire de Savigny, ce propre a été transmis par lui
à Mgr l'Evêque de Coutances, qui a bien voulu le reconnaître comme authentique.

Il devait exister également un office spécial de saint Vital, mais il
paraît avoir été perdu. Par Cl. Auvry, l'on sait que la même messe était
commune aux autres bienheureux de la maison.

pel de leurs propres noms, était chaque jour répétée
et invoquée à la grand'messe solennelle (1). Nous
croyons, du reste, que leurs anniversaires étaient
fêtés pour saint Vital, le 7 janvier; pour le B.
Hamon, le 30 avril; pour le B. Guillaume, ainsi que
pour le B. Geofroy, le 22 octobre, et pour le B.
Pierre d'Avranches, le 24 décembre (2). Leur culte
alla jusqu'à entretenir des lampes devant leurs
cénotaphes, dans l'église abbatiale (3).

Cependant, pour parler en toute sincérité, nous ne
croyons pas qu'un seul autel ait jamais été dédié ni
consacré à saint Vital ou à ses compagnons. Mais
dans toute la région limitrophe de l'antique abbaye,
des milliers d'individus ont reçu durant les derniers siècles et reçoivent journellement encore au
baptême les noms de Vital et de Vitaline. Nos
populations normandes, bretonnes, mancelles et
angevines choisissent toujours pour patron céleste
à leurs enfants le saint vénéré dont nous ont
entretenu nos pères. Ceci est une preuve indéniable
des sentiments profonds qui subsistent toujours au
culte de saint Vital.

Un grand nombre des églises et des abbayes où
les messagers de Savigny portèrent en l'année 1122
le Rouleau funèbre de saint Vital, ont toujours

---

(1) Quotidie fiebat de omnibus, et quidem nominatim, memoria in officio
sacro. Tresvaux ap. D. Lobineau, *Vie des SS. de Bretagne*, t. 2, p. 419.
— De Buck. *Acta sanctorum* octobris, t. VIII, p. 1008. — *Hist. de la
Cong. de Savigny.*

(2) De Buck, *act. sanct.* octob. t. VIII, f° 1008.

(3) De Buck, id. — *Hist. de la Congrégat. de Savigny.*

donné à l'envi à ce grand serviteur de Dieu le titre
de saint. Elles l'ont constamment montré transporté
au ciel par les anges et régnant avec Jésus-Christ
dans la gloire éternelle.

Il faut donc reconnaître, en toute évidence, que
la mémoire de saint Vital et des bienheureux de
Savigny a toujours été grandement honorée; que
leurs reliques furent pieusement et encore actuellement visitées, et que le fondement de leur culte
est très solidement établi.

Un dernier mot, pour tout dire sur cette question de la canonisation des BB. de Savigny.

Dans notre conviction intime, elle tenait à l'esprit
de soumission et d'obéissance passives constamment observé dans les cloîtres.

Nos preuves, les voici :

Savigny était chef d'ordre, nous le savons. Lorsqu'en 1148, au concile de Reims, Serlon, son quatrième abbé, eut obtenu son affiliation à l'ordre de
Citeaux de toute la congrégation de Savigny, avec
l'assentiment du pape Eugène III, ce monastère
dut suivre uniquement les ordres et les volontés
de ses nouveaux chefs. Or, dès cette époque,
Citeaux avait l'intention de ne consentir à la canonisation d'aucun des personnages appartenant à
son ordre. Plus tard même, en 1268, une décision
formelle fut prise dans l'un de ses chapitres géné-
raux, qui porta défense pour l'avenir de donner
aucune autorisation à cet effet (1).

(1) Capitul. generale cisterciensis, anno 1268. — *Hist. de la Congrégation de Savigny*, fo 474.

De ces circonstances il reste acquis :

1° Que les antiques formalités voulues pour la canonisation ayant été régulièrement accomplies au XII° siècle, Vital et ses compagnons furent considérés comme saints dans tout l'ordre de Citeaux et comme tels vénérés par les populations.

2° Que Citeaux ne provoqua point auprès de la cour romaine la solution demandée en 1244 par Raoul III, seigneur de Fougères, qui agissait lui-même, sous l'impulsion de l'abbé Etienne de Lexington. Celui-ci, d'ailleurs, ayant été élu abbé de Clairvaux, n'eut plus un intérêt direct à s'en préoccuper.

Du reste, nous voulons faire une dernière remarque, c'est que de tout temps il exista un certain antagonisme latent entre le clergé séculier et les ordres monastiques. Chacun d'eux avait ses saints particuliers, ses saints d'affection. Naturellement, à Savigny, saint Vital et ses compagnons eurent toujours le premier rang, tandis que l'*Ordo* du diocèse d'Avranches les tint au deuxième plan et même ne les inscrivit point dans ses listes. Par suite, ainsi que nous l'avons fait remarquer, l'évêché de Coutances s'est vu autorisé à agir de la même façon.

D'ailleurs il y avait un autre fait dominant qui caractérisait Savigny d'une manière toute spéciale.

Dès à l'époque de son origine, l'abbaye avait été exemptée d'une manière formelle par le pape Pascal II de toute juridiction épiscopale. Il en résulta que les fêtes que l'on y célébrait et que les saints qu'on y vénérait ne regardaient en rien les évêques d'Avranches. Le culte de saint Vital et de ses compagnons resta dès lors d'ordre intime et privé pour le monastère de Savigny. Aussi les auteurs des *Acta sanctorum* ont-ils pu dire ceci avec une exacte vérité de saint Vital : *Et quidem solùm inter pios quibus nullus adhuc publicus decretus sit cultus. At solemniter ab episcopis elevatum ejus corpus, indubiè ad aliquam venerationem* (1).

A part, au surplus, le silence intentionnellement observé par l'évêché d'Avranches au sujet du culte des saints de Savigny, les relations des prélats avec l'abbaye furent toujours fort courtoises. Nous en voulons citer quelques preuves, mais elles sont concluantes.

Ainsi l'évêque d'Avranches avait été, vers l'année 1160; l'un de ceux qui avaient levé de terre le corps de saint Vital et proclamé ainsi sa canonisation.

Le 10 mai 1220, un autre évêque d'Avranches fut, sous la présidence de l'archevêque de Rouen, l'un des consécrateurs de la grande église abbatiale de Notre-Dame.

Enfin, à une époque beaucoup plus récente, l'illustre Huet, qui fut l'un des plus remarquables occupants de ce siège épiscopal, fit aux religieux une visite pastorale, dont il consigna les souvenirs sur un registre, aujourd'hui perdu et dont nous avions heureusement transcrit la copie, d'après les

(1) *Act. Sanct.* t. 1, jan. VII, p. 389-390.

originaux. Cette visite eut lieu le 30 et le 31 juillet 1696. L'accueil que lui firent les moines fut particulièrement distingué et cordial. Aussi Huet resta-t-il deux jours dans leur maison et y accepta-t-il leur hospitalité, comme autrefois le roi saint Louis, partageant leurs travaux journaliers et leurs prières.

Le registre qui relatait cet événement portait les mentions suivantes :

« Savigny-l'Abbaye. — Du lundy 30 juillet, sur
» les deux heures après midi, nous sommes ar-
» rivés à l'abbaye de Savigny, où nous avons été
» reçus processionnellement à la porte de l'église
» par le Père prieur et les religieux dudit lieu, tous
» revêtus de chappes, qui nous ont conduits à l'au-
» tel du chœur, en chantant le *Te Deum.*

» Du mardy dernier jour de juillet, en ladite
» abbaye de Savigny, dans l'église abbatiale, avons
» administré le sacrement de confirmation, avant
» midi, à douze cents personnes ; et l'après dînée,
» avons continué de donner le même sacrement à
» neuf cents cinq personnes, qui font en tout 2105
» personnes confirmées. »

Le lendemain, 1er août, Monseigneur d'Avranches se rendit à Saint-Hilaire-du-Harcouët.

On peut juger par ce seul exemple de la foule énorme qui répondait toujours aux moindres appels des moines. Alors il est naturel de penser que les évêques du voisinage de Savigny fissent la remarque qu'au contraire, leurs cathédrales restaient souvent fort silencieuses.

CHAPITRE IV

Les Reliques des Saints de Savigny

Quant aux reliques de nos bienheureux de Savigny, elles ont couru de véritables dangers dans deux circonstances exceptionnelles, au temps des guerres de religion du XVIe siècle et au temps de la Terreur révolutionnaire, après la fermeture de l'illustre abbaye. Elles n'ont dû leur conservation qu'à des mains pieuses.

De cette première époque néfaste on raconte des atrocités inouïes. Les Calvinistes, conduits par les nommés La Roche et Bertault, avaient une première fois livré Savigny au pillage dans le mois d'août 1562. Rien ne leur avait résisté. Le chœur de l'église et le sanctuaire avaient été saccagés par eux, les images brisées, les cloches démontées et emportées, le plomb des orgues enlevé, et le feu mis à la charpente de la nef. La bibliothèque avait été dispersée et les voleurs s'étaient enfuis emportant 14 calices dont 4 en or, la crosse de l'abbé, les mitres, les pierres précieuses et tout l'argent qu'ils avaient trouvé. Ils ne s'étaient attaqués qu'aux objets matériels, et les tombeaux des bienheureux, violés par eux, avaient été, suivant la tradition, réduits en poussière.

Lorsqu'ils revinrent le 9 décembre suivant, ce fut aux hommes mêmes qu'ils s'adressèrent. Ils massacrèrent alors douze des domestiques de l'abbaye et emmenèrent le lendemain l'abbé César de Brancas à une maison de campagne nommée Ivoy, distante de trois lieues. Là, après avoir égorgé le prélat, ils le jetèrent dans les fossés du château. Il n'en fut retiré que le dimanche suivant et il fut inhumé dans le chœur de l'église de Mantilly, où se voyait son portrait peint dans un vitrail (1).

D'après un autre récit, César de Brancas, pour subir son martyre, avait été attaché à une colonne (2). Nous en avions tiré la conclusion que ce meurtre s'était accompli dans l'église même de Mantilly.

Ces mêmes reliques sont actuellement conservées dans l'église paroissiale de Savigny-le-Vieux, où elles ont été apportées au milieu d'un grand concours de peuple, escorté de la garde nationale. Nulle part, nous n'en avons vu d'aussi considérables.

En 1833, leur authenticité fut reconnue par l'autorité de l'évêque de Coutances, qui permit de les exposer à la vénération des fidèles. Enfin, le 29 septembre 1872, une nouvelle reconnaissance en fut faite par Mgr Jean-Pierre Bravard, évêque de Coutances et d'Avranches. Ce même jour, le

(1) *Hist. de la Congr. de Savigny,* fᵒ 459.
(2) *Gallia Christiana,* t. XI, col.

prélat reconnut spécialement une partie du chef précieux de St Vital.

A la suite de cette cérémonie, qui lui avait révélé la richesse incomparable des reliquaires de Savigny, Sa Grandeur eut l'intention formelle, paraît-il, de poursuivre en cour de Rome la cause de la béatification et de la canonisation de saint Vital et de ses compagnons. La mort de Mgr Bravard l'empêcha de mettre ce projet à exécution.

D'autre part, Mgr Bouvier, évêque du Mans, proclama, en 1843, l'authenticité des reliques de saint Guillaume Niobé et de saint Pierre d'Avranches, conservées dans l'église de Landivy (1).

_____

(1) Lettre de M. l'abbé Clocheau, curé, de juillet 1854.

Planche(s) en 2 prises de vue

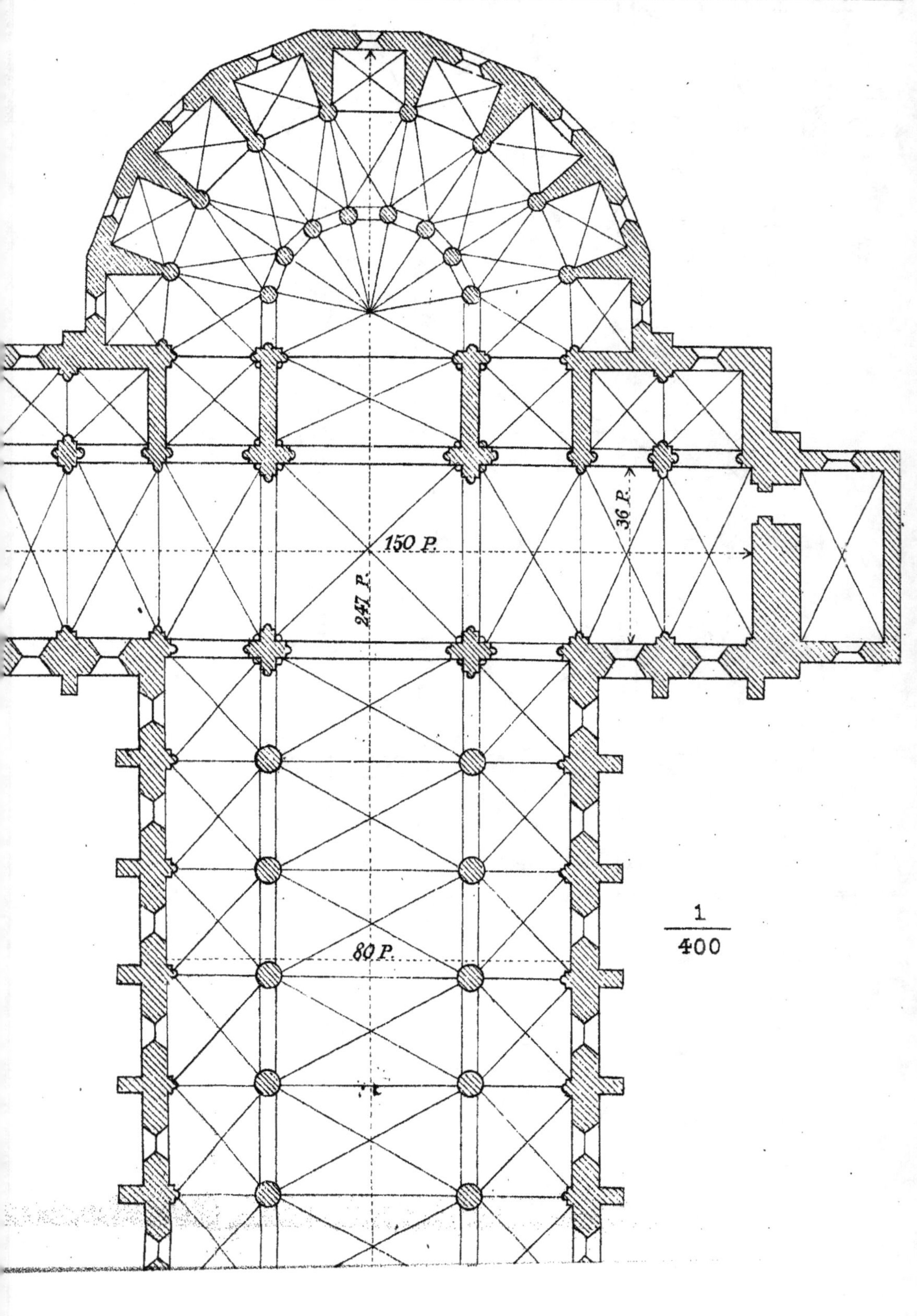

150 P.
247 P.
36 P.
80 P.
1/400

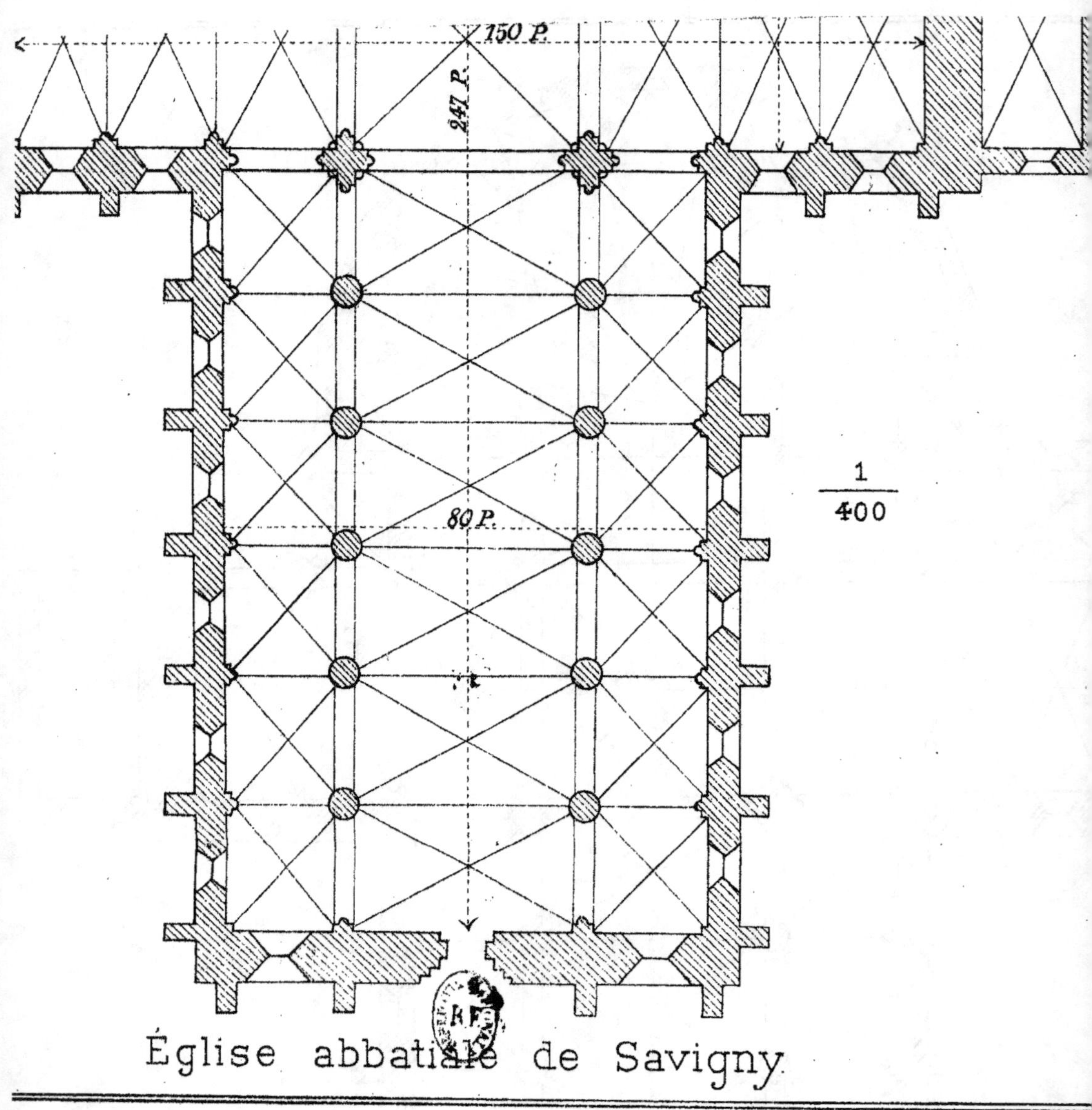

Église abbatiale de Savigny

CHAPITRE V.

LES MONUMENTS DE SAVIGNY.

1° *L'Eglise abbatiale*.

Nous savons déjà que dès l'année 1112, Vital s'empressa d'édifier une église dans la vallée de Savigny. Mais elle n'était que de bois, et ses dimensions fort étroites ne répondaient pas aux besoins du service divin (1). Terminée seulement en 1124, par Geofroy, le 2ᵉ abbé, et placée sous l'invocation de la Sainte-Trinité, sa dédicace fut faite le 10 mai de cette année-là, par cinq évêques, Turgis, d'Avranches, Richard, de Coutances, Richard, de Bayeux, Jean, de Séez et Hildebert, du Mans.

Bientôt après les religieux construisirent une chapelle, sous l'invocation de sainte Catherine. Elle était au sud des dortoirs et attenante au cimetière. Ses proportions étaient considérables. Dédiée en 1181 (2), elle abrita pendant un certain temps les restes mortels de saint Vital et des bienheureux de Savigny, après leur translation. Cette église ne disparut que vers le commencement du XVIIIᵉ siècle : elle servait alors aux réunions du chapitre (3).

(1) Ex schœd. Savign. MM. ss. — Liber de miraculis SS. Savign.
(2) *Chron. Savign.*, p. 7.
(3) L'abbé Desroches, analyse des titres de Savigny. *Antiq. de Normandie*, t. XX, p. 277.

Sainte-Catherine avait été atteinte en partie par les flammes, lorsque, dans la nuit du 12 au 13 août 1705, un incendie endommagea le réfectoire qui y touchait, et détruisit la presque totalité des bâtiments des hôtes (1). Il fallut vendre, avec l'autorisation du Conseil d'Etat du 25 mai 1706, les bois de 117 arpents des réserves de la forêt de Normandie. Plus tard, vers 1720 environ, mais après le départ de D. Claude Auvry, qui eût signalé certainement un semblable événement, afin de se procurer des matériaux sur place, on utilisa bien certainement les pierres de l'église de Sainte-Catherine (2).

Ce fut à cette époque, selon toutes les vraisemblances, que le tombeau de sainte Adeline et ceux des autres personnages qui existaient dans ce monument furent transférés dans l'abbatiale ou dans le cloître. Nous croyons même que celui de la sœur de saint Vital eut sa place dans la nef, du côté de l'épitre. Nous avons la persuasion d'avoir vu ce fait consigné quelque part, dans les archives de Savigny; mais nous n'avons pu jusqu'ici retrouver notre annotation. Ce fait, du reste, ressort encore du marché conclu pour l'établissement d'une grille à la chapelle de Ste-Adeline (3).

C'est qu'en effet la primitive abbatiale de saint

(1) *Gallia Christiana*, t. XI.
(2) Titres du chartrier de Mortain. *Rech. hist. sur Mortain*, p. 333.
(3) Archives de Mortain, transportées à Saint-Lo. *Recherches sur Mortain*, p. 336.

Vital n'avait guère existé que cinquante ans : elle s'était écroulée en partie au cours de 1174. Dans la prévision de cet événement inévitable, l'abbé Joscelin, dès l'année 1173, avait jeté les fondements d'un nouvel édifice (1), qui fut l'un des plus remarquables de la Normandie et, croyons-nous, le plus vaste des deux diocèses d'Avranches et de Coutances. Cette nouvelle église abbatiale, terminée seulement en l'année 1200, a subsisté jusqu'à la fermeture de l'abbaye et jusqu'à la dispersion des moines.

Elle avait, paraît-il, été établie sur le plan de Clairvaux. C'était une véritable cathédrale et beaucoup n'ont pas ses proportions. D'après le plan que nous en reproduisons ici, elle avait 247 pieds de longueur dans œuvre (82^{m}33), 80 pieds de largeur à la nef (26^{m}66), et 150 pieds à la nef transversale (50^m). Cette nef était courte, n'ayant que six travées, mais la plus large cependant de toute la région. En effet, la nef du Mont Saint-Michel n'a, avec ses collatéraux, que 17 mètres entre les murs ; celles de Cerisy, de Saint-Etienne de Caen et de la cathédrale de Coutances, 21 mètres ; à la cathédrale de Bayeux, il n'y a que 23 mètres ; enfin 24 mètres dans celle du Mans.

Dix grosses colonnes cylindriques, surmontées d'arcades en tiers-point, supportaient les murs de la grande nef, et les voûtes en croisées d'ogives étaient hautes de 22 mètres. Quatre gros piliers,

(1) *Chron. Savig.*, p. 2 et 6.

formés d'un faisceau de colonnettes, portaient la
croisée centrale occupée par le chœur et les stalles
des religieux, et au-dessus de laquelle s'élevait un
clocher en charpente. Sur la transnef s'ouvraient
le chœur, qui n'avait qu'une travée avant le rond-
point, le péribole qui l'entourait, et deux chapelles carrées de chaque côté. Le rond-point était
formé de huit colonnes d'une seule pièce, d'un
mètre de diamètre, sur 11 pieds (3^{m}60) de hauteur.
Elles étaient surmontées de beaux chapiteaux et
d'arcades ogivales surhaussées. Neuf chapelles
carrées s'ouvraient sur le péribole ou collatéral
circulaire, et leur ensemble formait à l'extérieur
la moitié d'un polygone à seize côtés. Toutes les
fenêtres étaient en lancettes, simples et étroites.
Quelques-unes avaient 0,80 centimètres de large,
sur une hauteur de 5 mètres. Deux grandes ouver-
tures circulaires de 6 mètres de diamètre éclairaient
les deux extrémités de la nef transversale (1).

Déjà, en 1851 (2), nous avions donné à ce merveilleux édifice des dimensions presqu'absolument
identiques, d'après le procès-verbal qui en fut
dressé en 1791, par Lecoy de la Marche et Legeay,
architectes à Mortain (3). Ils étaient entrés dans
d'infinis détails, qui indiquaient leur haute compé-
tence. Nous n'en voulons retenir que quelques
constatations. Ainsi, nous apprenons par eux que

(1) Morize et de Dion, *L'Abbaye de Notre-Dame des Vaux de
Cernay*, p.

(2) *Recherches hist. sur l'arrond. de Mortain*, p. 119.

(3) Nous avons fait hommage à la Bib. nationale du plan dressé par eux.

les voûtes en pierres de la nef étaient soutenues par 40 piliers ou colonnes, et que les murs étaient appuyés au dehors par *52 piliers buttants 22 arcs boutants*. Enfin, le grand clocher avait 200 pieds d'élévation. Il était composé de deux lanternes et d'une flèche au-dessus, avec quatre clochetons autour du grand clocher, qui avaient 24 pieds d'élévation.

Mais ce qu'il y avait peut-être de plus remarquable dans ce magnifique monument, c'était par-dessus tout son abside, copiée, nous le répétons, point pour point, sur celle de Clairvaux. Cette abside comprenait deux étages superposés de fenêtres et de toitures, et possédait neuf chapelles, uniformément semblables, dans son hémicycle d'une parfaite régularité. Les doubles chapelles de chacun de ses transepts communiquant avec le chœur, portaient jusqu'à treize le nombre de ces petits sanctuaires rayonnant autour du grand autel. Les contreforts des chapelles, ceux du déambulatoire, sur lesquels reposaient les dix arcs-boutants du chœur, avec la haute flèche en ardoises, au centre de la croisée, imprimaient à cette abside un air suprême de grandeur et de majesté (1).

Toutes ces données avaient de la valeur; mais au point de vue architectural, elles étaient silencieuses. Heureusement un archéologue très distin-

____

(1) M. le chanoine Pigeon. *Le Diocèse d'Avranches*, t. I, p. 199.

gué a vu et visité les ruines de Savigny en mai
1836 (1), avant que les démolisseurs aient fait dis-
paraître toutes les indications monumentales, car
aujourd'hui l'antique monastère ne présente plus
que des amoncellements de décombres sans nom.

Gally-Knight disait effectivement, voilà près de
soixante ans : « Il n'est guère possible, au milieu
de ces débris mutilés, d'acquérir une idée certaine
de ce qu'était l'architecture de l'édifice ; cependant
on y reconnaît un caractère prononcé de transition,
et il semble participer plus du style circulaire que
du style en pointe.

» Les pilastres accolés aux murailles de l'aile
méridionale de la nef, portent des chapiteaux du
dernier normand, et les pierres saillantes de la
voûte présentent des moulures d'un caractère
mélangé.

» La voûte de la nef, à partir de l'arceau qui est
demeuré attaché au mur occidental, revêtait la
forme en pointe ; quand à cet arceau lui-même,
était-il en pointe, était-il circulaire, c'est ce qu'une
conscience un peu craintive se hasarderait diffi-
cilement à décider.

» La fenêtre occidentale est grande et remarquable ; je la crois faite après coup, bien que la nature de la maçonnerie n'offre rien qui tende à dé-
montrer qu'il en a été réellement ainsi. Elle est par-
tagée en trois compartiments en pointe avec un
trèfle au sommet. La porte occidentale mérite aussi

(1) *Voyage archéologique*, édité par de Caumont, p. 88.

de fixer l'attention; sa partie supérieure prend la forme du trèfle ordinaire.

» Les transepts ont chacun, à leur extrémité, une fenêtre circulaire. Selon moi, elles n'ont jamais dû avoir de broderies; seulement une rangée de moulures, de forme demi-circulaire, qui ont presque totalement disparu, se déroulait autour d'elle et composait sa bordure. »

De cet examen, il résulte à nos yeux que la majeure partie de l'église abbatiale de Notre-Dame de Savigny était romane. Quelques autres portions étaient de l'époque de la transition et affectaient la forme de l'ogive primitive.

Nous devons ajouter que le portail latéral droit, qui communiquait de l'église au cloître (1), et qui a été transporté au château des Louvellières, où il forme l'entrée de la chapelle, était du XV⁵ siècle.

Ce portail présente un cintre surbaissé couronné de quatre niches posées en encorbellement et ornées chacune de quatre colonnettes. Celles-ci supportent une arcature ogivale et un autre arc douciné, garni de crosses végétales, que soutient une croix ou une fleur de lys. Ces niches sont séparées par une sorte de contrefort ou de pilastre, terminé par un bouquet de fleurs. Celui du centre, beaucoup plus élevé que les autres, forme une croix surmontée d'une sorte de fleur de lys avec son calice.

____

(1) Il ne provient pas du prieuré de Beaufour, comme l'a écrit M. l'abbé Pigeon, t. 2, p. 548.

Ces niches, qui suivent la courbure d'un cintre surbaissé, sont d'un effet gracieux et renfermaient probablement les statuettes des quatre principaux saints de Savigny : St Vital, St Geoffroy, St Pierre d'Avranches et St Hamon (1).

On nous assure qu'il existe au château du Bois-ferrand, à Moulines, quelques bons dessins des monuments principaux de Savigny : c'est l'œuvre fort distinguée de madame de Brébisson, née Gaudin de Villaine, et le dernier souvenir de ces édifices remarquables.

2°. — Le Cloître.

Plusieurs des arcades du cloître ont été reportées également aux Louvellières ; elles sont romanes, aussi bien que quelques chapiteaux des colonnes qui sont à la mairie de Mortain et au jardin public de cette ville. Ce sont, du reste, les conclusions de Gally-Knight (2). « Une voûte d'une étendue considérable, qui a servi à soutenir des constructions supérieures, est attenante à l'église. On y voit des arcades circulaires, — c'est-à-dire à plein cintre, — que supportent des colonnes surmontées de chapiteaux du dernier normand. »

Ce cloître, qui formait un vaste quadrilatère régulier, avait « 120 pieds de long de chaque côté, ce

(1) Le chan. Pigeon. *Le Diocèse d'Avranches*, t. 1, p. 195.
(2) *Voyage archéologique*, id., id., p. 89 et 90.

qui faisait 500 pieds de contour, sur 12 de large.
Il était formé de 124 colonnes ou piliers en pierres,
qui présentaient une rose dans le haut de chaque
arcade, et était appuyé en dehors des murs de 29
piliers buttants de 8 pieds de hauteur du rez-de-
chaussée » (1). Un large bassin occupait l'immense
cour du cloître, à l'exemple des antiques habita-
tions romaines.

On peut au surplus se rendre un compte fort
exact de l'aspect général du cloître, par l'examen
des fûts des colonnes qui existent encore.

Ces fûts, en granit, sont d'un seul morceau. Ils
reposent sur des bases offrant un modeste chan-
frein. Les chapiteaux, de forme cubique, ne pos-
sèdent que des moulures au sommet du tailloir, ou
de simples volutes, comme ceux du cloître de
l'Abbaye-Blanche. Ces colonnes, qui mesurent
1 m. 75 c. au-dessus du socle, sur 0,72 c. de cir-
conférence, supportaient des cintres romans ornés
de tores vigoureux (2).

Aux Louvellières, on retrouve plus encore : on
y remarque, à l'entrée du parc, le grand portail de
la cour d'honneur de l'abbaye de Savigny, aussi
bien que la porte du logis des hôtes ; mais ces derniers souvenirs ne dataient que du commencement
du règne de Louis XV (3).

(1) *Procès-Verbal de 1791*, p. 120.
(2) M. le chan. Pigeon, *L'Eglise d'Avranches*, t. II, p. 547.
(3)   Id.   id.   id.

3°. — *Le Réfectoire.*

Au midi du cloître, et vers le milieu de ce déambulatoire, on accédait au réfectoire. Sa très vaste
salle « avait 168 pieds de long sur 27 de large et
42 pieds d'élévation du rez-de-chaussée. » Il y avait
du reste voûte sur voûte, ce qui formait deux réfectoires l'un sur l'autre, celui des religieux et celui
des frères convers.

Aujourd'hui le portail d'entrée du réfectoire est
la seule relique monumentale qui reste à Savigny.
Acquis par de Caumont, de ses propres deniers, ce
fragment remarquable du style roman dans nos
contrées a dû être légué par lui à la Société des
Antiquaires de Normandie. C'est un magnifique
spécimen de la richesse architecturale de la grande
abbaye. Sa porte à la large arcade circulaire, entou-
rée de sévères cordons de zig-zags et de dents de
scies, et encastrant deux baies dans le même style,
donnant accès à chacun des deux réfectoires, a été
reproduite souvent par la gravure ; elle est devenue
populaire.

Gally-Knight (1) a donné, lui aussi, la description de cet édifice : « une vaste salle oblongue, aux
belles proportions, paraît avoir été le réfectoire de
l'abbaye. Les anciennes fenêtres ont disparu, et il
ne reste plus que la voûte, qui est en pointe ; ses
arceaux sont décorés de moulures normandes et

(1) *Voyage archéologique*, id., p. 90.

s'appuient sur des pilastres à chapiteaux normands. La porte d'entrée de la salle est circulaire et environnée d'une simple moulure en zig-zags. Un pilier la divisait en deux parties, dont les sommets étaient également circulaires. »

Les dortoirs des religieux étaient en ligne parallèle du réfectoire et de l'une des faces du cloître. Ils communiquaient directement au transept droit de l'église au moyen d'un vaste escalier, comme c'était l'usage dans tous les monastères.

Ces descriptions, nous n'en doutons pas, feront regretter, plus que jamais, la destruction de cet admirable ensemble. La valeur totale des constructions de Savigny dépasserait peut-être actuellement une somme de cinq à six millions.

L'administration de 1791 se hâta, avec une précipitation inouïe, de vendre le tout par morcellements, en trois lots (1) ; elle en retira à peine un pour mille de la valeur réelle (2). Il n'est pas douteux que si elle eût su conserver, elle eût pu y établir plus tard la plus belle colonie agricole qui soit en France.

Rien n'eût été plus facile, car outre les monuments proprement dits, les constructions, notamment les bâtiments consacrés aux hôtes, étaient

(1) Nous avons offert à la Bibliothèque nationale le plan de ces lotisations dressé par Lecoy de la Marche et Legeay, géomètres. Il est déposé au cabinet des estampes.

(2) L'adjudication eut lieu le 9 Juillet 1793. La mise à prix totale était de 12,000 francs : elle atteignait seulement le chiffre de 46,500 francs. (Compte-rendu du district de Mortain, an III, 2e partie, tableau no 1,

presque neufs et admirablement aménagés. De plus, les dépendances agricoles présentaient les avantages d'une installation parfaite. Tout, à Savigny, révélait la plus complète initiative dans la voie du progrès. Ses jardins eux-mêmes avaient une grande réputation pour leurs belles cultures, pour leurs collections incomparables de rosiers et de fleurs, pour leurs plantes rares et leurs beaux fruits. Ainsi, l'un des premiers aylantes ou vernis du Japon (1), qui eût été introduit en France, se trouvait dans l'un de ses bosquets dès l'année 1780. Or, ce bel arbre, encore assez rare aujourd'hui, ne pénétra dans nos régions que vers la deuxième moitié du siècle dernier, et on ne le trouve décrit et gravé qu'en 1789, dans les mémoires de l'Académie des sciences.

(1) *Ailanthus glandulosa.*

CHAPITRE VI.

Nos Gravures et Lithographies.

1° *Le Portrait de saint Vital, abbé.*

Savigny, comme la plupart des monastères, eut à honneur de posséder le portrait de son fondateur. De même, l'Abbaye-Blanche conservait celui de sainte Adeline, que nous avons eu longtemps sous nos yeux, et le prieuré de Moutons avait l'image d'Emma, qui l'avait créé (1).

Naturellement ils avaient leur place réservée au premier rang dans les chapitres de leurs maisons.

A Savigny, lorsque les moines se dispersèrent, l'un d'entre eux emporta le cadre vénéré de saint Vital, auquel sa famille substitua le nom de saint Bernard, par un certain sentiment de réserve. Il mesure 0 m. 55 c. de hauteur, sur 0 m. 40 c. de largeur. Nous avons dû en faire la réduction lorsqu'il nous a été communiqué de la façon la plus aimable et la plus empressée.

Saint Vital, à genoux au milieu de la forêt de Savigny, était revêtu originairement d'un costume complet en laine blanche, taillé dans l'étoffe qui servait aux religieux. Un restaurateur ignorant et

(1) *Semaine religieuse de Coutances*, 1868, p. 517.

maladroit a arraché la bure ; de sorte qu'il n'est
resté que le dessin primitif accusant les contours.

Nous connaissions ce portrait depuis cinquante
ans et nous savions qu'il avait une double destina-
tion. Dans toutes les maisons religieuses, il existe
ainsi un tableau qui sert particulièrement de patron
pour le costume de ceux qui les habitent et de l'ordre auquel elles sont consacrées. Il est d'usage
constant de se conformer au modèle d'une manière
rigoureuse.

Celui dont nous parlons pouvait remonter aux
années 1680 ou 1690. Mais encore une fois, il a été
mutilé et déshonoré.

Tout porte à croire qu'il servit de modèle à Fran-
çois de La Vente, pour le tableau qu'il peignit en
1759, à la demande des religieux et qui fut placé
dans l'abbatiale, au-dessus du tombeau de saint
Vital (1).

2° Le Portrait de saint Vital, ermite.

Cette gravure est reproduite d'après *le Pèlerin*,
qui a bien voulu nous en céder le cliché : elle ne
date donc que de deux années à peine. Mais elle offre cet intérêt pour nous qu'elle peint saint Vital
dans sa retraite du Neufbourg, et qu'elle le met en
présence du noble comte de Mortain, de la comtesse Mathilde et de leur fils, ainsi que de plusieurs des guerriers de ce temps. Dans la perspec-

(1) Sauvage. *Recherches historiques sur Mortain*, p. 336. La *Semaine religieuse de Coutances*, 1869, p. 362.

tive lointaine se profilent les rochers et la vielle forteresse de Mortain.

Une observation à faire, c'est que là saint Vital
est représenté avec sa barbe entière, comme appartenant au clergé séculier, tandis que dans son pré-
cédent portrait il est imberbe, parce qu'alors il tenait
au clergé régulier.

Sur cette gravure sont relatés en outre deux
des miracles du bienheureux Vital ; d'une part, le
moine Osbert tombant, sans se blesser, du sommet d'un mur en construction dans l'abbaye de
Savigny. D'autre part, la vision de saint Bernard,
en contemplation devant l'âme de saint Vital qui
monte au ciel.

3° L'Eglise abbatiale de Savigny.

Le plan en est dû à M. l'abbé Lemesle, curé de
Savigny. Il existe dans des proportions beaucoup
moindres sur le plan dressé en 1791 par Lecoy et
Legeay, aussi bien que sur le plan cadastral.
M. Lemesle a communiqué son œuvre à MM. Morize et de Dion, qui l'ont déjà publiée dans leur belle
monographie de N.-D. des Vaux de Cernay.

4° Plan du rond-point de l'Abbatiale de Savigny.

Ce plan inédit est inséré à la Bibliothèque nationale parmi les manuscrits de la collection de Boze.

sous le n° 4901, p. 189, fonds français. Il remonte à l'année 1700 et indique d'une façon parfaitement exacte l'emplacement et les dessins des tombeaux des saints de Savigny, tels qu'ils existaient dans le sanctuaire.

Le même manuscrit renferme en même temps quatre autres dessins précieux pour Savigny. Ce sont ceux de plusieurs des tombeaux qui se trouvaient dans l'abbatiale de Notre-Dame.

1° Celui des seigneurs de Vitré et de Dinan.

2° Celui de Guillaume de Saint-Brice, mort en 1318.

3° Celui de Jean Le Verrier, 38° abbé, mort en 1409, et dont la pierre tumulaire existe toujours. Nous l'avons vue dans la cour du presbytère de Savigny, mais elle doit être actuellement dans l'église paroissiale.

4° Celui de Jean de Landivy, mort en 1414.

5° *La Porte du Réfectoire de Savigny.*

De Caumont l'avait fait connaître dans son *Itiné-raire de la Basse-Normandie.* Elle a été très fréquemment reproduite depuis.

La photographie surtout l'a amplement fait connaître.

TABLE

Mortain. — Imprimerie A. LEROY, Grande-Rue et près l'Eglise.